SHIJIE DILI BAIKE

世界地理百科

才林◎主编

江西美术出版社
全国百佳出版单位

图书在版编目（CIP）数据

世界地理百科 / 才林主编 . -- 南昌 : 江西美术出版社，2017.1（2021.11 重印）
（学生课外必读书系）
ISBN 978-7-5480-4950-0

Ⅰ.①世… Ⅱ.①才… Ⅲ.①地理—世界—少儿读物 Ⅳ.① K91-49

中国版本图书馆 CIP 数据核字（2016）第 260644 号

出品人：汤　华
责任编辑：刘　芳　廖　静　陈　军　刘霄汉
责任印制：谭　勋
书籍设计：韩　立　潘　松

江西美术出版社邮购部
联系人：熊　妮
电话：0791-86565703
QQ：3281768056

学生课外必读书系
世界地理百科　　　才林　主编
出版：江西美术出版社
社址：南昌市子安路66号
邮编：330025
电话：0791-86566274
发行：010-58815874
印刷：北京市松源印刷有限公司
版次：2017年1月第1版　　　2021年11月第2版
印次：2021年11月第2次印刷
开本：680mm×930mm　　　1/16
印张：10
ISBN　978-7-5480-4950-0
定价：29.80元

　　你知道美国西部的"不老之泉"有多神奇吗？你到过连温度计都会结冰的地方吗？你想去"彩虹的尽头"一探究竟吗？你听过英国国王和两把椅子的故事吗？……本书就像是一位经验颇丰、风趣幽默的环球导游，边走边以优美、富有童趣的语言给孩子们讲解各地的风土人情、山川河流，为孩子们开启了一次惊险刺激的环球之旅。

　　打开这本书，世界犹如一个精彩的大舞台，在孩子面前徐徐拉开。亚洲源远流长的古文明让人神往；欧洲厚重的文化、浪漫的艺术气息让人陶醉；大洋洲碧波万顷的海洋世界、辽阔的海滨沙滩构成了美丽的度假天堂；北美洲的辽阔与繁荣令人向往；南美洲神奇的自然景观和神秘的古老文明吸引着无数探险者；非洲明快热烈的土风舞、粗犷原始的部落文化更是充满魅惑；无边的千年冰雪，天地宁静苍茫，构成了美丽纯净的极地。全书系统地介绍了世界上近百个国家和属地的地理特征、自然资源、经济、习俗、交通、旅游等诸多方面的知识，多角度解读世界自然和人文地理。不仅增加了阅读的趣味性，还使读者对世界地理知识得到了延伸拓展，从而使繁杂的地理知识形成一个系统、科学的有机整体，方便读者学习掌握。

　　丰富的内容与精美的图片，让孩子们同享知识大餐与视觉盛宴。我们精心选取了近千幅图片，神奇的水下世界、宏伟的都会名城、壮观的自然奇景、神秘的文化遗址、古老的人文胜迹……全方位展示历史、文化、民俗、景观，其中百余幅出自国内外顶尖摄影师之手，猎取最佳景点，让读者体验身临其境的阅读乐趣。大胆创新的版式设计，简约清新，既体现出世界地理知识的丰富多彩，又给人以跌宕起伏的韵律之美。

　　这是一本每个孩子都该读的地理书，生动的文字、精美的图片、有趣的故事，将文化的力量与图画的色彩融合在一起，充分激发孩子对未知世界的探索。让孩子不知不觉中畅游在知识的海洋，沉浸在五彩斑斓的世界中，开始一段愉快的彩色读书之旅。

第三章

非洲，阳光灼热的地方

第四章

欧洲，诸神眷顾的大陆

第五章
大洋洲，最小的大洲

第六章
冰冷的南极洲

第七章
北美洲，第三大洲

第八章

热情奔放的南美洲

第九章

聚焦四大洋

Chapter 1
第一章

地球，我们的家

人造卫星

地球的外貌和外形

DIQIU DE WAIMAO HE WAIXING

地球真是一个神秘多变的家伙，我们远观、近瞧，都会有不同的发现。

在月球上看地球

🏠 远看美极了

透过特殊装备，你会发现地球酷似一个蔚蓝色的大球，这是因为海洋约占地球表面积的70.8%。镜头稍拉近一些，你会发现白天的地球大部分是浅蓝色的，但是一些大高原看起来却是绿色的，如同一块块绿宝石；而北非的撒哈拉沙漠是褐色的……

地球上最显眼的颜色是蓝色，其他颜色都很模糊，这是为什么呢？这得从云说起。云是由悬浮在空中的小水滴、冰晶组成的，而小水滴又是由附着在灰尘上的水蒸气凝结形成的。海上灰尘太少，所以云不多；陆地上则相反，能够形成许多云，这些云使陆地几乎看不到。

地球仪

🏠 不近看不行

在太空中看，地球像一个标准的圆球。事实上，它是一个不规则球体，两极稍扁，赤道略鼓，不过赤道半径约6378.2千米，这与地球的平均半径相比，差别十分微小。想要细致地了解地球的一些微妙之处，就得近看地球的模型——地球仪。

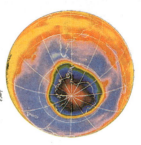

地球的保护伞

DIQIU DE BAOHU SAN

大气圈就像地球的保护伞，没有它的护卫，地球的模样不会比月球漂亮到哪儿去。

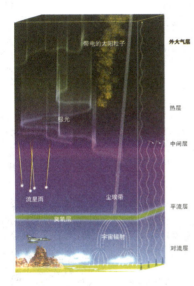

外大气圈

带电的太阳粒子

热层

极光

中间层

流星雨   尘埃带

平流层

臭氧层

宇宙辐射

对流层

🕌 保护伞的特点

大气圈是包围地球的气体层，由氮、氧、氩、氖、氦、氪、氢、臭氧、水汽、二氧化碳等气体组成。你不必担心大气圈会离开地球跑到星际空间去，因为地球引力牢牢地吸着它。大气总质量约占地球总质量的百万分之一。大气温度随高度不同会表现出不同的特点，据此我们可以将大气圈分为对流层、平流层、中间层、热层和外大气层。

没有大气圈，地球将无法抵御天体的攻击

🕌 我们离不开保护伞

大气圈的作用实在是太大了。没有大气圈，太空中的天体将像炮弹一样，将地球表面砸得千疮百孔；没有大气圈，太阳光中的有害光线将肆无忌惮地照射到地球上；没有大气圈，水不会存在，温度也得不到调节……总之，没有大气圈，就没有我们美丽可爱的世界。

地心历险记

DIXIN LIXIAN JI

如果我们用挖土机对准地表的一个方位，不停地挖下去，能将地球挖穿吗？显然不能。虽然地面上多是松软的泥土，但泥土下面先是坚硬的岩石，然后是炽热的岩浆。地球内部的神奇构造远远超乎我们的想象。下面，我们一起到地球的肚子里去逛一逛吧。

地壳
地幔
外核
内核

地球内部结构图

第一步：看看旅程表

在冒险之旅开始前，我们先了解一下我们在旅程中会遇见什么东西。

地球由外向内依次分为地壳、地幔、地核。地球内部构造恰似一个桃子，外表的地壳是岩石层，相当于桃子皮，人类以及其他生物都生活在这里；地幔相当于桃子的果肉部分，总体上具有固态特征；地核相当于桃核。

第二步：穿越地表

地球表层因受大气、水、生物的作用，可形成土壤层、风化壳和沉积层，厚度介于0～10千米。相对于下面的景点，我们对地表较为熟悉，所以只作短暂停留。

第三步：去地壳

地壳是地球固体圈层的最外层，由硬邦邦的岩石组成。不同地方的地壳厚度是不相同的。大陆地壳的平均厚度为35千米，大洋地壳的平均厚度为7千米。

地壳按成分可分为上下两层：上层为花岗岩层，富含硅和铝，亦称"硅铝层"；下层为玄武岩层，富含硅和镁，亦称"硅镁层"。

你也许会说，最好从大洋地壳出发，那样可以更快到达下一站。不行。虽然硅镁层在大陆和大洋地壳均有分布，但硅铝层仅存在于大陆地壳，从大洋地壳出发，就看不到硅铝层了。

第四步：观地幔

在进入地幔之前，请准备好防热装备，因为这里热得惊人，还有滚烫的岩浆。地幔位于地壳以下，地核之上，可分为上地幔与下地幔。多数学者认为从莫霍界面（地壳和地幔的分界面）起向下至1000千米深处止为上地幔，1000～2900千米深度之间为下地幔。地幔大约占地球总体积的一多半，内部压力大。上地幔层呈半熔岩浆状，下地幔层呈固体状态。

第五步：从地核到地心

地核指地幔以下（即地表以下约2900千米以下）到地球中心的部分，据推测可能是高压状态下铁、镍成分的物质。地核又可分为内核和外核两部分，外核深度为2900～5100千米，其物质为液态；内核深度为5100千米以下至地心。地核中心部分也就是地心了，地心的温度有数千摄氏度，压强也非常大。

地球不停地转

DIQIU BUTING DE ZHUAN

世界上的万事万物都在一刻不停地运动着，即使你在床上一动不动地躺一天也不例外。因为我们的地球一直在转圈圈。地球的运动方式有两种，一种是围着太阳转，叫公转；另一种是绕着地轴转，叫自转。

绕着太阳公转

地球公转的路线叫作公转轨道。地球公转的轨道长度为94000万千米，公转一周所需时间为一年，天文上通常所说的年是365.26天，即一个恒星年。

由于地球的公转轨道是椭圆的，所以地球在公转时，与太阳的距离不断改变。每年1月初，地球离太阳最近，其所在位置叫作近日点；每年7月初，地球距离太阳最远，其所在位置叫作远日点。

北
北半球春天

南半球秋天
南

四季的产生

地球在公转时，椭圆形的轨道与赤道面相交成一个23°26′的倾角。正是因为这个倾角的存在，太阳在地球表面的直射点才会在南、北回归线之间移动，从而形成了春、夏、秋、冬四个季节。

当太阳直射北回归线时，北半球获得的太阳热量较多，且白昼比黑夜长，所以北半球处于夏季；这时太阳斜射南半球，南半球处于冬

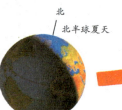

北
北半球夏天

公转轨道

南半球冬天
南

极光

季。当地球绕太阳继续公转时，北半球获得的太阳热量逐渐减少，由夏季进入秋季，进而转入冬季；而南半球却正好相反，由冬季进入春季，进而过渡到夏季。

北半球冬天

北

南半球夏天

南

太阳

北

北半球秋天

南半球春天

南

🏛 绕着地轴自转

地球自转的方向是由西向东，从北极点上空看呈逆时针旋转，从南极点上空看呈顺时针旋转。太阳东升西落就是由地球自转的方向决定的。地球自转一周的时间为23小时56分钟。

🏛 自转使昼夜更替

地球是不透明的，当它自转时，总是一面被太阳照射，而另一面处于黑暗之中，被太阳照射的地方处于白天，没有被太阳照射到的地方则为黑夜。又因为地球的自转是一刻不停的，所以向阳面和背阳面循环出现，进而产生了昼夜更替的现象。

南极圈和北极圈昼夜更替较慢，一年内大约连续半年都是白天，即极昼；极昼后又会出现长时间的黑夜，即极夜。

从南到北，从东到西

CONG NAN DAO BEI, CONG DONG DAO XI

很多人都有周游世界的梦想，你可以从中国出发，从南向北或从东向西绕世界一周，因为地球是圆的，所以你最终会回到起点。不过，周游世界不是一件小事，我们需要作好充足的准备，其中一个重要环节就是，必须了解纬度和经度的基本知识。

安德鲁军舰鸟

纬线和纬度

在我们生活的地球上，你是找不到地轴的，纬度和经度也一样，它们实际上也是不存在的，我们需要借助一些学习工具，才能了解它们。

在地球仪上，我们可以看到从东向西（或从西向东）排列着一条一条的横线，这就是纬线。中间的那条线最长，越往两极，线越短。纬度的数值在0°～90°之间。赤道叫0°纬线，就是我们看到的最长的那条线。越靠近赤道，纬度越小；越靠近两极，纬度越大。北纬全称"北纬度"，用"N"表示，是自赤道平面向北度量的纬度。南纬全称"南纬度"，用"S"表示，是自赤道平面向南度量的纬度。

极地苔原

海獭

南、北两半球

　　赤道将地球分为南、北两个半球。顾名思义，南半球就是赤道以南的半个地球。北半球夏至日时，即6月22日前后，是南半球全年白昼最短的日子。北半球冬至时，即12月22日前后，是南半球全年白昼最长的日子，气候统计上多以1月代表夏季，7月代表冬季。在南半球，陆地占19.1%，主要包括南极洲、大洋洲大部分、南美洲和非洲的南半部；海洋占80.9%。

　　北半球是赤道以北的半个地球。北半球的季节和南半球的是相反的，6月22日前后，是全年白昼最长的日子；冬至日一般在12月22日前后是全年白昼最短的日子。气候统计上多以7月代表夏季，1月代表冬季。北半球的陆地面积占整个半球的39.3%，主要包括亚洲的绝大部分、欧洲、北美洲、南美洲北部的一小部分和非洲的北半部；海洋占60.7%。

赤道附近景象

北寒带

9

经线和经度

在地球仪上，你还能看到数条南北向的线条，这就是经线。和纬线不同，经线的长度都是一样的。

经线是沿地球表面连接南北两极的线，并在南北极相交。因经线表示南北方向，所以又叫"子午线"（古人以"子"为正北，以"午"为正南）。1884年国际经度会议决定以通过英国伦敦格林尼治天文台子午仪中心的经线为全球的本初子午线（0°经线）。

经度是某地子午面与本初子午面的夹角，在本初子午面以东的称"东经"，以西的称"西经"。从0°经线算起，向东、向西各分为180°，以东的180°属于东经，习惯上用"E"作代号；以西的180°属于西经，习惯上用"W"作代号。东经180°和西经180°重合在一条经线上，那就是180°经线。

格林尼治天文台旧址

立陶宛的经纬建筑

🕌 东、西两半球

东半球，在制图学上，通常指自西经20°向东至东经160°的半个地球；在地理学上，指欧、亚、非三洲和澳大利亚、新西兰等国家所在的半球。我国就位于东半球。

为什么不把0°到东经180°的范围划分为东半球呢？原来地理学家这样做是为了把南、北美洲全部归属于西半球，并且避免把欧洲和非洲的一些国家分在东、西两个半球上。

在制图学上，人们习惯上把自西经20°向西到东经160°的半个地球称为西半球。在地理学上，将南、北美洲所在的半球称为西半球。

👁 你知道吗

北回归线

北回归线是地球表面北纬23°26′的纬线，是太阳能够垂直照射的最北纬线。

太阳垂直照射点自南向北移动，在北半球的夏至日那天停住，然后开始自北向南移动。同理，南回归线是地球表面南纬23°26′的纬线，是太阳能够垂直照射的最南纬线。

地球上的生物

DIQIU SHANG DE SHENGWU

在太阳系中，地球不仅是最美丽的星球，也是目前所知的唯一一颗生机勃勃的星球。即使火星或者其他某个星球真的存在生命，也无法与地球相提并论。

种类繁多的动物

动物可以自由活动，但自身不能制造养分，需要从外界摄取食料来维持生命活动。动物的分类方法有很多，最专业的分类方法是根据动物体内有无脊椎，将其大致归为无脊椎动物和脊椎动物两大类。昆虫是最常见的无脊椎动物，老虎、孔雀、蛇等都是脊椎动物。

时间在不停地流逝，地球上的生物也在不停地演化着。曾几何时，恐龙堪称"地球生物之王"，现在，这个位置已经被哺乳动物占据了。

绚丽多姿的植物

植物是生物的一类，大多都没有神经，没有感觉，一般也不运动。植物的种类已知的有30余万种，分布在地球的各个角落，高山盆地、江河湖海、雪地沙漠……到处都能见到植物的踪影。植物的颜色绚丽多彩，形态千奇百

怪，它们能够通过自身的光合作用制造能量、养料，释放出氧气，吸收和转化二氧化碳等废气，还可以为地球上的人类和动物提供食物。

肉眼看不见的微生物

病毒、细菌和原生动物等由于特别微小，统称为微生物。不过，不要提"菌"色变，微生物中也有"好人"。有些微生物可以用来制作奶酪、面包等食物；有些微生物可以抑制其他细菌的生长，帮助人体治病；有些微生物能够降解塑料，处理废水、废气。健康人的肠道里也有很多微生物，帮助人消化、吸收食物。

人类

根据达尔文的进化论，人类由古猿发展演化而来。人类是地球上进化得最高级的生物，能够制造工具并使用工具。因为人类的出现，地球的环境发生了巨大变化。

地球表面的形态

DIQIU BIAOMIAN DE XINGTAI

地球表面的形态可谓千姿百态，有雄伟的高山、开阔的平原、低凹的盆地等，这些地表形态的总称就是地貌。在地理学上，地貌的另一个名字是地形。值得一提的是，地貌包括海底地表形态。

冰川

谁是"设计师"

是谁给地球表面设计出花样繁多的形态？其实，这些地貌大多是众多"设计师"共同努力的结果。这些"设计师"们主要分为两班人马——内营力和外营力。地貌不同，是因为"设计师"的种类及付出的劳动多少不同造成的。内营力指地球内部力量引起的地质作用，如地壳运动、岩浆活动、变质作用等。内营力主要使地面变得高低不平。外营力是地球外部产生的一些动力，如流水、冰川、风等，可以破坏、分解地球表面的岩石，使岩石变成碎石、沙子、泥土，有时还担任"搬运工"，把它们搬运到其他地方，或产生堆积、侵蚀作用等，形成新的地貌。

巧克力山

分类方式多

地貌的分类方法很多。按规模可以分为巨、大、中、小、微地貌。微地貌是最小的地貌形态，如沙丘上的波纹。按形成原因可以分为构造地貌、侵蚀地貌、堆积地貌等，如三角洲是堆积地貌。按形态可以分为山地、丘陵、高原、平原、盆地、谷地等。

三角洲

🏠 与山有关的地貌

　　山指陆地表面高度较大、坡度较陡的隆起地貌。

　　山峦指连绵的山。

　　山脉指沿一定方向呈线状延伸的山体，常由多条山体组成，如我国的阴山山脉。

　　山系是成因上相联系并沿一定走向规律分布的若干相邻山脉的总称，如喜马拉雅山系、科迪勒拉山系、天山山系等。

　　山地指地面起伏显著，群山连绵、岭谷交错，海拔一般在500米以上，有自己的气候、水文、土壤和生物群落特征的区域。

山地

🏠 丘陵

　　丘陵算是山地的亲戚，很多人会把它们混淆。丘陵指坡度较缓、连绵不断的低矮山丘。海拔一般在500米以下，相对高度（地面某个地点高出另一个地点的垂直距离）一般不超过200米。

🏠 与岛屿有关的地貌

　　岛屿指散布在海洋、河流或湖泊中的小块陆地，通常大的称"岛"，小的称"屿"。

　　岛弧指大陆边缘呈弧形排列或伸展的一长串岛屿，地壳不稳定，多火山、地震。

　　在狭小的地域集中两个以上的岛屿即成岛屿群。群岛（又称诸岛）指的是大规模的岛屿群。

　　列岛指的是排列成线形或弧形的群岛。

科罗拉多大峡谷

高原与平原

高原是海拔在500米以上、顶面比较平缓的高地，边缘往往有悬崖峭壁，被称为"大地的舞台"。平原指海拔高度较小的宽广、低平区域。高原和平原都比较平坦，样子很相似，最大的区别就是海拔高度不同。

平原

火山岩浆

柴达木盆地

盆地

盆地，顾名思义，看上去像个大盆子，中间低、四周高。低的部分一般是丘陵或平原，高的部分一般是山地或高原。按成因划分，盆地可以分为构造盆地、风蚀盆地、溶蚀盆地等。

与谷有关的地貌

谷的意思有很多，在地理学上指两山之间的夹道或水道。

河谷是河流所流经的长条形凹地，包括谷坡和谷底。河谷的高度一般从河流的上游至下游逐渐降低，宽度则越来越大。

峡谷是狭窄而深的谷地，两边一般很陡峭，横剖面看上去像英文字母"V"，一般因河流的强烈下切而形成，多分布在山地和高原地区。

Chapter 2

第二章

亚洲，最大的洲

走进亚洲

>>ZOUJIN YAZHOU

古时候，腓尼基人把自己国家以东的地方都叫"亚细亚"，意思是"太阳升起的地方"，亚洲因此得名，而亚洲的全称就是"亚细亚洲"。中国就位于这片神圣的大陆上。

🏠 地盘最大，人口最多

大高加索山

亚洲位于东半球东北部，北、东、南分别临北冰洋、太平洋和印度洋，西面靠地中海和黑海。西以乌拉尔山脉、乌拉尔河、里海、大高加索山脉、黑海海峡与欧洲分界；西南以苏伊士运河、红海与非洲相邻；东北部隔白令海峡与北美洲相望；东南以帝汶岛和澳大利亚之间的海面与大洋洲为界。面积4400万平方千米，约占全球陆地面积的29.4%。亚洲的人口约40亿（2010年），占世界总人口的60.5%。这里的居民大多是黄种人，其次是白种人和黑种人。黄种人的皮肤是黄色或者黄褐色的，如果你想了解得更为详细，不妨去大街上观察一下，因为我国的居民大多是黄种人。亚洲的白种人也不少，比如沙特阿拉伯和印度的大多数居民。

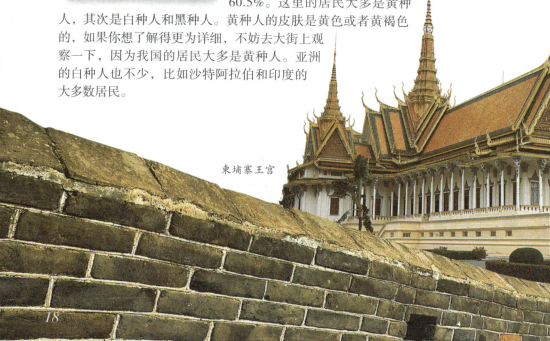

東埔寨王宫

🏛 地形特点

　　亚洲的地形很复杂，我们可以简单地总结为三点：第一，地面起伏大，高低悬殊；第二，平均海拔很高，在各大洲中排名第二；第三，大陆的中间大多是高山，四周有很多平原，所以总体看上去，中间高，四周较低。亚洲的河流大多发源于中部山地，最后注入太平洋、印度洋和北冰洋。在亚洲各大河流中，我国的长江是最长的河流，黄河是含沙量最大的河流。

　　亚洲是一个多灾多难的大陆，因为它是火山最多的洲，东部边缘海外围群岛是世界上火山最多的地区。此外，这里地震也很频繁，尤其是东部沿海岛屿、中亚和西亚北部地区。

黄河壶口瀑布

🏛 气候很复杂

　　有些大洲的气候用一两句话就能概括出来，比如冰冷的南极洲，但亚洲可不行，因为面积太大，南北纬跨度也大，所以它的气候类型复杂多样。

　　总体来看，亚洲东部因为靠近无边无际的大海，所以大多冬天寒冷干燥，夏天炎热潮湿，降水丰富；而亚洲的内陆地区因为离海太远，纬度又较高，所以夏天热得不行，冬天又冷得不行，降水较少。顺便说一句，降水可不仅仅指雨，还包括雪、霰、冰雹等。

　　就降水的情况看，亚洲的东南部降水多，越向西北越少；赤道附近最多，西亚和中亚的荒漠地区则少得可怜。

长城

亚洲之最

▶▶YAZHOU ZHI ZUI

我是亚洲，七大洲的老大，我不仅个子高，长得壮，还有很多世界之最，光地理上的就足以让你眼花缭乱了。下面，让最有名气的几个依次自我介绍一下吧。

🏠 最高的山峰

我叫珠穆朗玛峰，位于中国青藏高原与尼泊尔交界的喜马拉雅山。别看我现在个子高高的，我曾经待在一片汪洋大海里，所以看上去很矮。后来经过长时间的演化，大海消失，我则拔地而起，越长越高，最后变成了世界的最高峰，也是地球上最高的地方。现在，我的个子是8844.43米（2005年），有"世界第三极"的美誉。我的山体看上去像个巨型金字塔，山中有巨大的冰川。

高原青稞

🏠 最高的高原

青藏高原

我叫青藏高原，是世界上最高的高原，大部分位于中国西部和西南部，平均海拔在4000米以上，有"世界屋脊"之称。我这里有巍峨的高山、寒冷的冰川，还有许多翡翠一般镶嵌在大地上的湖泊。对于许多生物来说，我这里的气候和环境有些恶劣，但对于藏羚羊、雪豹、黑颈鹤、白唇鹿等珍稀动物来说，我可是它们的保护神。不过我也没有办法阻止那些贪婪的偷猎者的侵扰。

恒河三角洲

🏛 最大的三角洲

　　我叫恒河三角洲，是世界上最大的三角洲，大部分在孟加拉国南部，小部分在印度的西孟加拉邦，面积约6.5万平方千米，平均海拔10米。恒河三角洲汇集恒河、布拉马普特拉河、梅格纳河三大水系，南部有大片的沼泽地和红树林。

珠穆朗玛峰

🏛 最大的半岛

　　我叫阿拉伯半岛，是世界最大的半岛，位于亚洲西南部，东面靠近波斯湾和阿曼湾，南面靠近阿拉伯海，西面隔着红海与非洲大陆遥遥相望。我南北长约2240千米，东西宽1200～1900千米，面积约322万平方千米。西部、南部和东南边缘有山脉，山脉的边上有很多悬崖峭壁，再往外便是辽阔的大海。除了山脉，其余大部分为高原。我这里气候干热，降水非常少。沙特阿拉伯、科威特、卡塔尔、阿拉伯联合酋长国、阿曼、也门等国都位于这里。

🏛 最大的湖泊

　　我叫里海，可不是海，而是世界最大的湖泊，也是最大的咸水湖。我的家在欧亚两洲交界处，沿岸分属阿塞拜疆、俄罗斯、哈萨克斯坦、土库曼斯坦和伊朗。我南北长1200多千米，东西平均宽约320千米，平均深184米，北浅南深，最深约1025米。

阿拉伯半岛建筑

21

礼仪之邦——中国

指南针

中国，是世界四大文明古国之一，有着悠久的文化与文明史。中国位于亚洲东部、太平洋西岸，陆地面积约960万平方千米，在面积上属于世界第三大国，人口约14亿，是当之无愧的大国。它历经沧桑，现在又重新焕发青春，宛如一条腾飞的巨龙盘踞在世界的东方。

🏠 名字众多

中国常以"中华""华夏""神州""中原"等代称出现，最早指"天下的中心"，后逐渐含有王朝统治的正统性含义。中华人民共和国建立之后，国家经济迅速发展，但仍属发展中国家。

🏠 四大发明

造纸术、指南针、火药、活字印刷术被称为中国古代的四大发明，这四项发明对中国的发展影响巨大，是中国古代劳动人民的重要创造。培根在《新工具》里指出：印刷术、火药、指南针这三种发明已经在世界范围内把事物的全部面貌和情况都改变了。

天坛

🏛 国宝大熊猫

大熊猫，一般称作"熊猫"或"猫熊"，是属于食肉目的一种哺乳动物，体色黑白相间。大熊猫是中国特有的，现存的主要栖息地是中国中西部四川盆地周边的山区。大熊猫由于生育率低，加上对生活环境的要求相当高，在《中国濒危动物红皮书》的等级划分中被归为濒危物种，为中国国宝。

大熊猫

🏛 万里长城

长城又称"万里长城"，是中国古代在不同时期为抵御塞北游牧部落进扰而修筑的规模浩大的军事工程的统称。被列为世界新七大奇迹之首。绵延千里的巨龙似的城垣，在当时全靠人力建造。如今，许多关隘的大门上的青砖虽然已严重风化，但整个城门仍威严挺立，表现出当时人们砌筑城门的高超技能。而且许多石雕砖刻的制作技术都十分复杂精细，这更反映了当时工匠高超的艺术才华。

长城

安塞腰鼓

东方岛国——日本

▶▶DONGFANG DAOGUO——RIBEN

你可能不了解日本，但一定熟悉日本的动漫。要知道，动漫产业可是日本的重要产业之一呢。不过想了解日本，光知道它是动漫强国显然不够。下面，咱们一起看看它还有哪些特别之处。

🏛 岛国

　　日本西隔东海、黄海、朝鲜海峡、日本海，同中国、朝鲜、韩国、俄罗斯相望，东临太平洋。领土由本州、北海道、九州、四国4个大岛和6800多个小岛组成。面积为37.8万平方千米。日本绝大部分国民属于大和民族。国花是菊花。首都是东京，东京是公认的国际化大都市。日本的山很多，森林面积较大，但是矿产资源很少。

《千与千寻》剧照

🏛 浪漫樱花

　　樱花的花期很短，差不多只有短短的七到十天时间，花开花落非常有序。日本人非常喜欢大片的樱树林。花开时节，整片樱树林中的樱花仿佛一夜之间全部开放，到处灿烂一片；花落时节，则漫天的花瓣飘飘洒洒，如同飘扬的雪花，非常浪漫。樱花非常有特点，长在同一处的樱花都是同时盛开，同时凋落，日本人把这认为是个人和家庭与社会、国家同舟共济的象征。

樱花

🏠 日本料理

日本料理也称为"和食"，在日语中是"日本式烹饪"的意思。一提到日本料理，恐怕许多人会联想到寿司、生鱼片，或是摆设非常精致、有如艺术品的怀石料理。然而，对许多日本人来说，日本料理是日常的传统饮食。最简单的日本料理是"单菜餐"，内容是一碟酱菜（通常是脆黄萝卜），一碗饭，以及一碗汤。日本人以米饭为主食，以蔬菜和海鲜品为主菜，口味清淡。

日本料理

日本年货

🏠 相扑运动

相扑在日本是很传统的体术，由两名大力士裸露上身，互相角力。相扑是由神道的神事发展而成的，作为专业竞技项目，则被称为"大相扑"。相扑是日本的国技和国际性的体育运动。相扑在日本一直拥有很高的人气，甚至拥有其他运动无法比拟的地位，即使在相扑已经完全成为民间运动的今天，天皇和皇太子仍然经常亲临现场观赏比赛，战绩辉煌者更是备受国民的崇拜。

相扑

大象之邦——泰国

泰国国土面积为51.3万平方千米，国土形状酷似一头大象的头部：东北地区是"象耳"，泰国湾是"象口"，南方地带是"象鼻"。

🏠 基本情况

泰国位于东南亚中南半岛中部，与缅甸、老挝、柬埔寨、马来西亚为邻，南面靠近泰国湾，西南面靠近安达曼海。境内北部和西部多山，中部是平原，南部是热带岛屿和较长的海岸线。因为地处热带，这里终年温度较高，降水丰沛。正是由于先天的气候条件，泰国有着独特的热带风光和丰富物产，吸引着世界各国的人来这里旅游。

🏠 霸气的泰拳

泰拳是泰国传统的格斗技艺。泰拳作为一门传奇的格斗技艺，主要体现人的力量和速度。泰拳主要运用人体的拳、腿、膝、肘进行攻击，出拳发腿、使膝用肘，力量展现得极为充分，攻击力强。泰拳与泰国的传统文化关系密切。凡是正式修炼泰拳的人，生活操行都要符合严格的要求，遵从师诲，接受系统的训练，使体魄强健，反应敏捷，这样拳术水平才能提高。

曼谷大王宫

泰拳

微笑的泰国女孩

礼仪之邦

　　泰国人在日常生活中非常讲究礼仪，比如，和不同身份的人说话就要使用不同的称谓和自称，选择的称谓要和对方的身份相符合。经过长辈面前时要低头；给人递送东西要使用双手，如果使用两只手不方便的话就要使用右手，如果使用左手，则被认为是非常不礼貌的表现；和人见面和分别时，都要表示问候，并双手合十而拜，以此表示尊敬。因此泰国被人们称为"礼仪之邦"。

泰国传统舞蹈

帕雅寺

"太极虎"——韩国

"**太极虎**"可不是一种老虎，而是韩国的别称。韩国比较喜欢太极这个概念，它的国旗叫太极旗，上面画着太极生两仪的图形。如果你想在最短的时间内出国赏美景、吃美食，不妨去韩国，因为韩国位于朝鲜半岛的南部，离我们很近。

🏛 走进韩国

韩国的全名叫大韩民国，北面连着朝鲜，东南面隔着朝鲜海峡与日本相望，面积10.3万平方千米。韩国只有一个民族——朝鲜族。

韩国四季分明，冬季漫长寒冷，夏季炎热潮湿，春秋两季的气候较好，比较舒服，不过时间短。韩国境内的北部和东部有很多低矮的山和丘陵，西南部地势不高，沿岸有平原。韩国虽然面积不大，但境内有不少河流，主要河流有洛东江和汉江等。

🏛 首都首尔

韩国的首都换了好几次名字，2005年定名为首尔。首尔历史悠久，古代朝鲜半岛上有三个很厉害的政权——新罗、高句丽和百济，这些政权经常为这个城市争得你死我活。现在，首尔是韩国的政治、经济、文化和交通中心，也是朝鲜半岛上最大的城市。

景福宫

传统服饰

韩服

　　我们知道，古时候人们穿衣服的习惯和现在是不一样的，韩国也不例外。韩国古时候，人们终年穿韩服，但现在就不同了，平常的日子里，很多韩国人的打扮和我们差不多。但是，到了一些节日，或者具有特殊意义的日子，他们就会穿韩服。

　　女性和男性的韩服是不一样的。女性的韩服上衣短，裙子宽长，看上去很蓬松；男性的韩服以裤子、短上衣、马甲为主。韩服以白色为基本色，季节、人的身份不同，所选用的材料和色彩也不同。在结婚等特别的仪式上，人们一般也穿华丽的衣裳，戴华丽的首饰。

　　韩服不是韩国人专有的，它也是朝鲜和我国朝鲜族的传统服装。

美食，泡菜为主

　　韩国的美食虽然没有中国的丰富，但也很有名。传统美食有烤肉、泡菜、冷面等。其中，泡菜是韩食的最大特色，韩国人一日三餐都离不开泡菜。对韩国人来讲，泡菜已经不仅仅是一道小菜，更是一种力量、一种文化。

浪漫之岛

　　济州岛是韩国第一大岛，有"浪漫之岛"的称呼，它位于朝鲜半岛的西南端，隔济州海峡与半岛相望，地扼朝鲜海峡门户，地理位置十分重要。

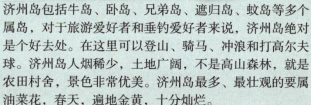

济州岛海岸

济州岛包括牛岛、卧岛、兄弟岛、遮归岛、蚊岛等多个属岛，对于旅游爱好者和垂钓爱好者来说，济州岛绝对是个好去处。在这里可以登山、骑马、冲浪和打高尔夫球。济州岛人烟稀少，土地广阔，不是高山森林，就是农田村舍，景色非常优美。济州岛最多、最壮观的要属油菜花，春天，遍地金黄，十分灿烂。

"一根扁担挑两只米篓"——越南

越南风光

从我国的广西、云南一直向南，我们会到达一个美丽的国家。这里天气很热，有几个月雨常常下个没完，有几个月降雨却很稀少，甚至会发生旱灾。这里多山多水，被称为"鱼米之乡"，人们常常在水边安家，有的甚至把房子盖在水上。这个国家就是越南。

🏠 扁担和米篓

越南是东南亚国家，位于中南半岛东部，与中国、老挝、柬埔寨是邻居，东面与南面临南海。越南的国土形状很奇怪，南北狭长，两头宽，中间窄，就像一根扁担挑着两只米篓。"一条扁担"指的是斜着贯通南北的长山山脉；"两只米篓"指的是北部的红河三角洲和南部的湄公河三角洲。越南的国土面积是 32.95万平方千米，共有54个民族，京人占总人口的86%，这里华人也不少。首都是河内。

🏠 开胃美食

越南人传承了中国阴阳调和的饮食文化，烹调时很注重清爽、原味，只放少许香料，鱼露、香花菜和青柠檬等是必不可少的作料。烹饪方法以蒸煮、烧烤、熬焖、凉拌为主，热油炒的很少。一些被认为较"上火"的油炸或烧烤菜肴，多会配上新鲜生菜、薄荷菜、小黄瓜等可生吃的菜一同食用，以达到"去油下火"的目的。越南菜口味偏酸辣，吃起来特别开胃。

米纸春卷

"海上桂林" 下龙湾

下龙湾以景色瑰丽、秀美而著称。下龙湾里的众多大大小小的岛屿错落有致地分布着，远远看去，有的地方高出一山，独自耸立，仿佛一柱擎天；有的地方则两山相依，一水中分；有的地方则山峦重叠，奇石峥嵘，堪称奇观。这里的景色和中国广西的桂林山水非常相似，因此人们又把这里称为"海上桂林"。

下龙湾

越南斗笠

越南斗笠，又称竹笠或者笠帽，是越南一种传统的草帽，是以成熟的竹子作为胎骨，再附上一层层坚韧的葵丝编成的宽大的帽子，呈圆锥形。在越南，斗笠是农夫的日常用具，轻便好用，还可遮阳挡雨。越南有很多有名的编织斗笠的地方，但是最著名的还是顺化。在顺化几乎家家户户都有斗笠，出门不管是去哪儿，也不管是天晴还是下雨，人们头上都戴着斗笠。

孔雀之国——印度

>> KONGQUE ZHI GUO——YINDU

古印度是世界四大文明古国之一。喜欢看《西游记》的读者一定对印度有深刻的印象，唐僧师徒可是历经了九九八十一难才到达这个神秘的国度。

走进印度

印度是南亚国家，人口数量仅次于中国，居世界第二位，当地居民大多是白种人。全国语言竟然有400种以上，国语是印地语，英语是通用语言。印度面积约为298万平方千米，首都是新德里。

印度北部是高高的山地；中部为平原，居住的人很多；南部为德干高原，平均海拔约600米。印度的河流很多，最神圣的当属恒河。印度的大部分地区在大部分时间里都很热，有的季节大雨连绵，有的季节旱得吓人。这里种植水稻、小麦以及棉花、黄麻、甘蔗、咖啡树、茶树、橡胶树等经济作物，畜牧业以养牛、羊为主，渔业、旅游业发达。

恒河

首都新德里

新德里是印度的首都，是一座古老传统和现代化相结合的城市。新德里和旧德里中间隔着一座德里门。德里地区古代建筑众多，莫卧儿王朝皇宫红堡用红砂石建造而成，阿育王柱是孔雀王朝阿育王在位时建造的，印度最高古塔库塔布塔以及印度最大的清真寺贾玛寺都在这里。在这里可以感受印度千年的历史积淀，欣赏独特的建筑风格。此外，德里的传统工艺也闻名于世，宝石、金银细加工和象牙雕刻等传统工艺更为著名。

被宠爱的动物

如果牛会说话，它们肯定会表达定居印度的愿望。因为印度是牛的天堂，当地人把牛当神物来崇拜。印度禁止杀牛、吃牛肉，即使是老弱病残的牛，也会被好好供养。据统计，印度是养牛最多的国家。

蓝孔雀是印度的国鸟。印度古代的一个王朝——孔雀王朝就以孔雀来命名。在一些神庙或器皿上，你可以看见孔雀的图案。不过孔雀虽然也受法律保护，但它们身上的羽毛不在保护之列。一到秋季，很多孔雀都变成了秃尾巴鸟，因为它们漂亮的尾羽被人们拔去做工艺品了。

最完美的建筑

从新德里向东南前进，我们会到达一个叫阿格拉的地方。那里有一座非凡的建筑，确切地说，它是一座陵墓，名字叫泰姬陵，是一位皇帝为了纪念死去的妻子建造的。泰姬陵被称为"最完美的建筑"，由殿堂、钟楼、尖塔、水池等构成，全部用纯白色大理石建筑，用玻璃、玛瑙镶嵌。据说，朗月当空的时候，是泰姬陵最美的时候，因为白色的大理石在月光映照下会变成淡淡的紫色。

泰姬陵

橡胶天堂——马来西亚

>> XIANGJIAO TIANTANG —— MALAIXIYA

马来西亚是一个炎热的东南亚国家，由马来半岛的南部和婆罗洲北部的沙捞越与沙巴组成。两部分之间隔着南海。

国花朱槿

走进马来西亚

马来西亚靠近马六甲海峡、南海、苏禄海与苏拉威西海；和泰国、文莱、印度尼西亚是邻居，面积约33万平方千米。居民中，马来人及其他土著人占大多数。

马来西亚很热，下雨的次数也很多，这是因为国土大部分都在赤道带。

兰卡威一角

马来西亚是一个绿色的国度，森林的面积占据了一多半的国土。在城市之外，你一眼望去，绿树连绵到天边。马来西亚有很多山峰，最高的位于东马来西亚，叫基纳巴卢山，海拔为4101米。

橡胶和锡的王国

马来西亚的农业、采矿业和加工制造业都很厉害。常见的农作物有油棕、橡胶树、可可树、椰树、胡椒、水稻等，不过农民们更喜欢种植橡胶树。因为马来西亚全年高温多雨，土壤又厚又肥沃，非常适合橡胶树生长，所以马来西亚橡胶的年产量很高。

马来西亚还是锡的王国，很长时间，锡的产量都位居世界第一。

采橡胶

🏛 "烂泥湾"和石油双塔

马来西亚的首都是吉隆坡。吉隆坡在马来语中的意思是"烂泥湾"，因为这座城市最早建立在大河边一个泥泞不堪的地方，不过，经过多年的建设，吉隆坡现在已经成了马来西亚的政治、经济和文化中心。

很多人不太了解吉隆坡，但对矗立在吉隆坡的一个建筑非常熟悉。这个建筑就是石油双塔。石油双塔曾经是世界最高的摩天大楼，虽然这个头衔早被抢走了，但它仍是世界最高的双塔楼。

大王花

🏛 国花和国鸟

马来西亚的国花是朱槿，又叫扶桑，因为这种植物的花大多是红色的，所以人们又叫它大红花。大红花的故乡是中国。

马来西亚的国鸟是犀鸟。犀鸟喜欢爬树，长得有点儿像巨嘴鸟，嘴巴又大又长，大眼睛上长着粗长的眼睫毛，头上有一个钢盔状的突起，就好像犀牛的角一样，故而得名。

国鸟犀鸟

吉隆坡双子塔

印度洋上最后的天堂——马尔代夫

YINDUYANG SHANG ZUIHOU DE TIANTANG——MA'ERDAIFU

我们常说："老鼠过街，人人喊打。"但有一个国家非常奇怪，那里的老鼠又肥又大，常常在大街上出没，却没人打它们。是那里的人喜欢老鼠吗？不是，原因是该国的居民讨厌猫。这个国家就是马尔代夫，被称为"无猫国"。

亚洲最小的国家

马尔代夫是南亚岛国，镶嵌在印度西南岸外的印度洋中，它虽然由26组珊瑚环礁、约1192个小岛组成，不过这些岛和珊瑚环礁都太小了，全加起来也只有298平方千米，这使得马尔代夫自然就成了亚洲面积最小的国家。在众岛屿中，只有200个岛上有居民，主要是马尔代夫人。首都是马累。马尔代夫地势低而平坦，没有四季之分，全年炎热潮湿。

风景秀丽

因为马尔代夫的国土面积太小了，所以国内没有铁路，来往的汽车也不多，当地人更爱骑单车和步行。这里的海水碧蓝清澈，你可以看见五彩缤纷的热带鱼自由自在地游泳。海中的岛屿星星点点，青如翡翠。海边的沙滩雪白晶莹，旁边还有可爱的草屋。当你在沙滩或小城中漫步时，会不由自主地感叹："印度洋上最后的天堂"真是名副其实。

独特的经济

马尔代夫虽然国土面积不大，但资源是很丰富的。这里的旅游业、渔业和海运业都很发达。

如果你想在最短的时间内体验当地人的生活，不妨去鱼市瞧一瞧，龙虾、玳瑁、金枪鱼等应有尽有。不少马尔代夫人都是靠捕鱼、卖鱼谋生的。每天黄昏时，鱼市内就会响起此起彼伏的叫卖声，卖鱼的商贩们技术纯熟，他们只要一分钟就能把一条一米多长的鱼分成皮、骨、肉三份。

如果你喜欢吃新鲜多样的热带水果，那么马尔代夫不会让你失望，香蕉、菠萝、木瓜、椰子……想要什么有什么。

鱼尾狮雕塑

"狮城"——新加坡

>> "SHI CHENG"——XINJIAPO

新加坡是位于东南亚马来半岛南端的一个岛国，因为面积很小，所以有"星洲""星岛""星国"的称号。当然，它更为普遍的称呼是"花园城市"和"狮城"。

双螺旋桥

国花兰花

🏛 寻找新加坡

　　新加坡挨着马六甲海峡南口，北面隔着狭窄的柔佛海峡，与马来半岛紧邻，有长堤相连，南面隔新加坡海峡，与印尼廖内群岛相望。总面积为714.3平方千米（2013），主岛面积约为538.1平方千米，共有大小岛屿和礁滩63个。地势总体来说比较平坦，最高的山也不足200米。由于地形的限制，这里的河流都很短。

　　新加坡人主要是由从亚洲、欧洲等地区迁移而来的移民及其后裔组成的。

48

常年是夏季

　　新加坡全年都很热，而且晚上和白天的温度差不了多少。11月底至次年3月是雨季，几乎每天都会下点儿雨，尤其是下午，总有雷阵雨。6月到9月，雨水会变少，但温度同样不低，每天都烈日炎炎。所以去新加坡玩的时候，一定要准备好防晒用品。

美丽的花园城市

　　新加坡市位于新加坡的南部，是新加坡共和国的首都，有"花园城市"的美誉。新加坡市道路两旁树木成荫，街头到处是小花园、小草坪，花香草绿，空气清新，是一个小巧美丽、整洁多姿的花园都市。

"狮城"的由来

　　传说，一位王子在一个岛上打猎时，忽然发现一只头黑胸白、身体红色、行动敏捷的怪兽，随从告诉王子这是一只狮子。王子听了非常高兴，认为这是一个吉祥的地方，便决定留下来。这个地方就是新加坡。后人为了纪念王子，就把狮子和大海联系起来形成鱼尾狮，新加坡也被称为"狮城"。

莲花形的金沙艺术科学博物馆

迷人度假岛——圣淘沙

圣陶沙是新加坡最迷人的度假小岛，这里有花样繁多的娱乐设施和休闲活动，被誉为"欢乐宝石"。圣淘沙度假区集主题乐园、热带度假村、自然公园和文化中心于一体，是人们休闲的好去处。这里拥有郁郁葱葱的树林，精心修剪的花园，细浪拍岸的广阔海滩，还有优美动人的音乐喷泉，这一切美景都让人流连忘返。因此，圣淘沙被当地的人们视为新加坡旅游业的璀璨明珠。

圣淘沙

多语言国家

新加坡为多语言国家，马来语为国语，英语、华语、泰米尔语为通用语。新加坡实行双语政策，学生不仅学习英语，也学习自己民族的语言，称之为"母语"。华语是新加坡人使用得最多的母语。

新加坡美食

总统府

Chapter 3
第三章

非洲，阳光灼热的地方

走进非洲

ZOUJIN FEIZHOU

这里的草原无边无际，是野生动物的天堂；这里有世界第一长河——尼罗河，却是缺水严重的大洲；这里多数地区不发达，但矿产资源极为丰富……这里就是非洲，一个神秘而充满矛盾的广阔大地。

阿非利加州

非洲的全称是"阿非利加州"，位于东半球最西部，北隔地中海和直布罗陀海峡，同欧洲相望，东北以红海和苏伊士运河与亚洲相邻，西濒大西洋，东邻印度洋，面积为3020余万平方千米，是世界第二大洲。人口主要是撒哈拉沙漠以南的黑种人和以北的阿拉伯人，大多数人居住在村落里，城市人口只占小部分。

野生动物的家园

非洲的野生动物数量和种类都非常多。在那里，你常常能看见水牛、小羚羊、狷羚、麋羚、长颈鹿等草食性动物，它们成群结队地出现。尽管非洲草原自然条件优越，可这些动物终日提心吊胆，因为草丛中、树林里乃至河水中常常埋伏着凶恶的肉食性动物。

非常热

非洲本土人之所以是黑皮肤，与当地的炎热气候有关。非洲绝大部分地区属于热带气候，年平均气温在20℃以上。赤道附近终年又湿又热；南北回归线一带干旱少雨，沙海茫茫，沙漠与雨林之间是广阔的热带草原。

严重缺水

水是生命之源，然而在非洲这块大陆上，水资源日益匮乏。据统计，非洲因为水资源短缺，每年有数千人死亡，也有许多人因为缺水而在贫困中挣扎，还有很多人因为饮用了不干净的水得了重病。科学家分析，在未来的20年里，非洲因为缺水问题而导致贫困的人数可能增加到5亿，而粮食产量也会减少。

东非大裂谷

尼罗河

非洲之最

非洲是一片神奇的大陆，要想把它了解个通透，的确不是件容易的事情，不过我们可以从它奇特的地貌入手，一览它的风采。

地球最大的伤疤

东非大裂谷是地球陆地上最长的裂谷，被称为"地球最大的伤疤"，长约6000千米（在非洲大陆的部分长4000多千米），平均宽度为30～100千米。裂谷的两侧十分陡峭，如被刀切过一般，底部隐藏着成串的湖泊。在连绵的山峰间和茂密的原始森林中，生活着许多野生动物。

世界最长的河

尼罗河家在非洲东北部，主要由卡盖拉河、白尼罗河、青尼罗河汇流而成。它长长的身躯流经多个国家，经撒哈拉沙漠，最后注入地中海。全长6671千米，流域面积约为287.5万平方千米，约占非洲面积的1/10。

尼罗河是一条很古老的河流，被埃及等许多非洲国家视为生命线。它在沙漠中形成了一条"绿色走廊"，使生命得以繁衍。

乞力马扎罗山

撒哈拉沙漠

刚果盆地的巨木

世界第一大沙漠

　　撒哈拉沙漠位于非洲的北部，形成于几百万年前，是沙质的荒漠，总面积约为960万平方千米。这里的气候条件非常恶劣，早晚都很寒冷，白天则十分炎热。

　　撒哈拉沙漠降水很少，有的地方连续几年都看不到雨点。生活在这里的动植物都特别耐旱，其中最厉害的要属沙漠蜗牛了。沙漠蜗牛的壳是纯白色的，直径大约3厘米，它们攀附在沙漠灌木上面，艰难而顽强地活着。

世界上最大的盆地

　　刚果盆地是世界最大的盆地，位于非洲中部，面积约为337万平方千米，平均海拔400米，四周被高原和山地包围。

　　刚果盆地所拥有的仅次于亚马逊雨林的世界第二大热带雨林，有"地球第二肺"之称。

"非洲屋脊"

　　"非洲屋脊"指的是乞力马扎罗山，又叫"非洲之王"，是非洲最高的山，位于坦桑尼亚东北部，靠近肯尼亚边境，基博峰海拔5895米，为非洲第一高峰。因为山峰太高，所以峰顶终年满布冰雪。

金字塔的国度——埃及

JINZITA DE GUODU——AIJI

非洲大陆有一个神秘的国度，它古老的土地上流传着一个个不朽的神话，滚滚的黄沙中屹立着一处处令人叹为观止的建筑，承载着千年的文明。它就是埃及——金字塔的国度。

图坦卡蒙黄金面具

夏宫

🏛 走进埃及

埃及是个调皮的国家，你看它地跨亚、非两洲，却大部分都在非洲东北部，只将苏伊士运河以东的西奈半岛放在亚洲。埃及北面挨着地中海，东面隔着红海，与巴勒斯坦相望，东南和沙特阿拉伯隔着茫茫大海互相观望。

埃及的面积为100.1万平方千米，绝大多数国土被沙漠或半沙漠覆盖，但这并不能阻止它成为亚、非、欧三洲的交通要道。这里的气候又干又热，只有尼罗河三角洲和北部沿海地区的气候相对温和一些，其余地方大多属于热带沙漠气候，夏天温度极高。

🏛 苏伊士运河

除了尼罗河，埃及还有一条重要的河流——苏伊士运河。这条河不是天然形成的，而是人工挖掘出来的。它位于埃及东北部，贯通苏伊士地峡，连接地中海和红海，间接沟通大西洋和印度洋，是埃及的交通要道。

白沙漠

狮身人面像

神秘的金字塔

　　金字塔建于四千多年前，其基座是正方形的，四面是四个相等的三角形，因为看起来像中国汉字的"金"字，所以我们称之为"金字塔"。迄今为止，埃及已经发现了大大小小的金字塔90多座，其中最大的是胡夫金字塔。

　　金字塔是古代世界八大奇迹之一，相传它们是古埃及国王的陵墓，法老贵族们会用几年甚至几十年时间去建造金字塔，尸体在里面放多长时间都不会腐烂。

古埃及神庙石雕

法老村

　　法老村位于开罗市内尼罗河的一个小岛上，村内种植了大量的纸莎草，还有以传统方法制造纸莎草纸和绘制纸莎草纸画的作坊。法老村仿造法老时期的建筑风格，建造了神庙、庄园、农庄等，有专人着古装演示当时生产、家居及举行宗教仪式的场景，展现几千年前古埃及人的经济和社会生活画面。村中有著名的法老图坦卡蒙墓的模型和金字塔建筑方法的模型展示，还有照相馆、餐厅和商店。

旅游胜地

　　埃及有很多旅游胜地，夏宫是其中之一，那是一个非常有特色的花园，1952年以前它一直是只对皇室开放的避暑胜地，现在你就很幸运了，因为它对游人开放了。如果你有机会置身埃及，又嫌到处跑太累，那不妨就去埃及的首都开罗转转，它不但是世界上最古老的城市之一，也是当今世界上少有的遭受战争破坏最少的古城之一。

"世界火炉"——苏丹

"SHIJIE HUOLU"——SUDAN

苏丹是一个生活在"火炉"里的国家，一个随时可以吃到熟鸡蛋的国家，一个依靠着世界第一长河却严重缺水的国家……让我们站在青尼罗河、白尼罗河旁体味苏丹的奇特吧。

喀土穆一建筑

黑人的土地

苏丹在非洲东北部，东北面靠近红海，与埃及、利比亚、乍得、中非共和国等为邻居，面积约为188万平方千米。苏丹在阿拉伯语中的意思是"黑人的土地"，这一名称来源于中世纪时期阿拉伯人对苏丹附近地区的泛称。苏丹人自古生活在此，因为当地常年阳光灼热，所以居民的肤色多为黑色或者深褐色，因而苏丹是名副其实的"黑人的土地"。

"世界火炉"

喀土穆是苏丹的首都和最大的城市，从前只是一个小渔村，因气候而闻名于世。

喀土穆气候炎热干燥，气温常年在32.1℃～42.6℃之间徘徊，最热的时候，气温可达50℃。你只要把茶叶放进装满凉水的茶壶里，然后在沙漠上扒个坑，把壶放进去，几分钟后，便可以喝到一杯芳香四溢的茶水了。据说，因为气温太高，喀土穆人每年有7个月都是睡在户外的。

青、白尼罗河交汇

苏丹也是一个被尼罗河养育着的国度。白尼罗河和青尼罗河是尼罗河的主要支流。两条河流虽是同一个母亲孕育的，却有着不同的颜色。白尼罗河携带着丰富的浅灰色沉积物，呈白色；而青尼罗河却累积了大量的黑色沉积物，呈蓝色。当这两条河在苏丹的首都喀土穆交汇时，由于水流速度等问题，河水需要一段距离的流动才能慢慢融合，因此，人们能在其交汇处见到一条呈蓝、白两种颜色的河。

地域性的服饰

苏丹常年受烈日炙烤，为了防暑降温，苏丹人民大都喜欢穿传统的民族服饰——大袍。苏丹的男人一般穿白色的大袍，那是一种圆筒的一件式套头装，没有领子，多以棉质为主，长长的，没过膝盖，直接包裹到脚踝。一些妇女喜欢穿长长的彩色外袍，再饰以各种金银首饰，缤纷的色彩表现出女性天生的爱美心理。已婚妇女则喜欢穿黑色或者深色的外袍，以展示其高雅的品位和庄重的个性。

椰枣

喀土穆一建筑

49

"东非水塔"——埃塞俄比亚

"DONGFEI SHUITA"——AISAI'EBIYA

埃塞俄比亚是非洲的文明古国之一，是非洲众多河流的发源地，也是世界重要的咖啡豆原产地之一。

"东非水塔"因何而来

埃塞俄比亚是东非国家，与苏丹、肯尼亚、索马里、厄立特里亚和吉布提挨着，面积达110.36万平方千米。

埃塞俄比亚是30多条大河的发源地，地形以山地和高原为主，平均海拔2500～3000米，越向四周，海拔越低，使得许多河流呈辐射状流向四方，把高原上丰沛的降水输运到邻国，因而这个国家有"东非水塔"的美誉。

盛产咖啡豆

埃塞俄比亚是世界重要的咖啡豆原产地之一，大多数地区属热带雨林气候，一年到头都热得不行，下大雨是家常便饭。这种气候条件适宜种植咖啡豆，几乎家家户户的房前屋后都种植着咖啡树。当地人很爱喝咖啡，可以这么说，他们每天都离不开咖啡。

"新鲜的花朵"

亚的斯亚贝巴这座城市位于海拔2400多米的高原之上，是埃塞俄比亚的首都，同时也是非洲联盟及其前身——非洲统一组织的总部所在地，在当地语言中，亚的斯亚贝巴的意思是"新鲜的花朵"。

亚的斯亚贝巴坐落在群山环抱的山麓阶地上，无四季之分，只有旱季和雨季。城市周围峰峦起伏。市区风光秀丽，街道随山势起伏，道旁开着鲜艳的花；随处可见的尤加利树郁郁葱葱，下垂的叶子略带灰霜色，远看像覆盖着白霜的竹子。

国花马蹄莲

农作物青辣椒

拉利贝拉教堂

在埃塞俄比亚的北部，有一处重要的文化遗迹，那就是拉利贝拉教堂。拉利贝拉教堂共有11座，隐藏在一片绿色橄榄树林中，坐落在一个四周由岩石堆砌的巨大深坑中。

教堂内部除了支撑顶部的石柱和拱门之外完全被掏空，所有建筑不使用任何的灰浆，教堂与教堂之间由地下通道或岩洞相连通。这些在岩石中建造的教堂实在太神奇了，一经发现便震惊了世界，被认为是非洲古代文化最珍贵的遗产之一。

拉利贝拉教堂

野生动物的乐园——肯尼亚

▶▶ YESHENG DONGWU DE LEYUAN——KENNIYA

肯尼亚位于赤道附近，是野生动物的乐园。你是不是和我一样，迫切地想深入了解这个"野味十足"的国家呢？看，它在跟我们招手呢。

🏛 走进肯尼亚

　　肯尼亚中部被赤道横穿，南北被东非大裂谷纵穿，面积约为58.26万平方千米，首都是内罗毕。沿海地区比较湿热，高原地区的气候则比较温和。肯尼亚东南濒临印度洋，海岸线约有536千米长。境内多高原和山地；北部是沙漠和半沙漠；东南部是沿海平原；西南部的肯尼亚高原最高，海拔1500～3000米。

首都内罗毕

🏛 野生动物多

　　肯尼亚阳光充足，气候温和，水草丰美，绿树成荫，是非洲野生动物的乐园。在这个令人羡慕的生态环境里，生存着上百种哺乳动物和数百种鸟类。在这里，你可以寻觅到猎豹、野牛、羚羊、小鹿，偶尔还会看到一群火烈鸟从天空飞过。在青山绿水间，落日下，动与静形成一幅美丽的画卷。人们能见到这样的场景，要归功于肯尼亚政府所推行的一系列保护动物的政策。

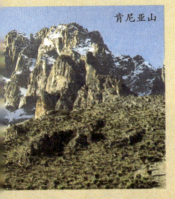

肯尼亚山

非洲第二高峰

　　肯尼亚山位于肯尼亚的中部，是非洲的第二高峰，最高峰海拔约5199米，也是东非大裂谷中最大的死火山，被当地人视为天神居住的神圣王国。当地的房子一般都面向这座神圣的高峰。

　　肯尼亚山拥有令人叹为观止的美景，平时云雾缭绕，在晴朗的日子里，人们从很远的地方就能看到白雪皑皑的峰顶。陡峭的山坡上森林浓密，由于海拔高，还有冰川从山巅延伸下来，非常雄伟壮观。

图尔卡纳湖

图尔卡纳湖

　　图尔卡纳湖是内陆湖，从前叫鲁道夫湖，位于肯尼亚西北部，面积约有6405平方千米。湖的南端水比较深，最深达73米，盐度很高。浅水区的水微微有点儿咸，可以饮用。湖的周围有很多火山。

　　图尔卡纳湖是人类的发源地之一。1967年以来，人们在湖区东岸陆续发现了很多人类化石。

彩虹之国——南非共和国

CAIHONG ZHI GUO——NANFEIGONGHEGUO

南非共和国是一个幸运的国家，它拥有位于非洲最南端的海上交通要道——好望角，因而其经济拥有源源不断的发展动力，更羡煞旁人的是它还盛产黄金和钻石。

走进南非

南非共和国位于非洲大陆的最南端，东、南、西三面被印度洋和大西洋环抱，与纳米比亚、博茨瓦纳、津巴布韦、莫桑比克、斯威士兰和莱索托是邻居，面积有121.9万平方千米。

南非共和国是一个美丽的国度，因拥有绚丽多彩的自然景观、历史文化以及不同肤色的居民，被称为"彩虹之国"。境内大部分为高原，西北部为沙漠，沿海为狭窄的平原。

国花帝王花

三个首都

茨瓦内建筑

一般国家只有一个首都，南非共和国却有三个首都，分别为茨瓦内、开普敦和布隆方丹。三个首都各有各的任务。茨瓦内曾经叫比勒陀利亚，是行政首都，设有中央政府。开普敦是立法首都，设有国会，位于南非共和国的西南端，是国际海运航道的交汇点。布隆方丹是司法首都，设有司法机构。

好望角

濒危的白长角羚

西方海上生命线

在非洲大陆的最西南端，有个举世闻名的好望角，那是世界上最繁忙的海上通道之一，有"西方海上生命线"之称。那是印度洋和大西洋交汇的地方，激流、险滩、暗礁、漩涡……不可胜数，是令航海者最头疼的地方。

俗话说"无风三尺浪，有风浪滔天"。好望角中有一种比较著名的惊涛骇浪——杀人浪。这种海浪的前方好似峭壁悬崖，后面则如平缓的山坡。如果前浪和后浪相叠加，那么海面的状况就会变得十分恶劣，海面像翻滚的油锅一样，令人毛骨悚然。

黄金、钻石之国

南非共和国是世界上著名的产金国，有"黄金之国"的美誉。它的黄金产量曾经高居世界各国之首。也许是黄金太诱人了，人们争相开采，结果导致金矿资源日益枯竭，黄金产量也下滑了。这里还盛产钻石。很久以前，这里发生过火山喷发，火山强烈的高温促成了钻石的产生。旅游胜地金伯利钻石矿洞1866年至1914年间共出产了2722千克钻石，实在令人艳羡。

金伯利钻石矿洞

55

美丽的王国——马达加斯加

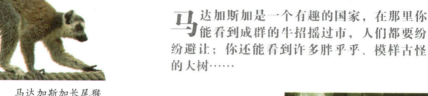

马达加斯加长尾猴

马达加斯加是一个有趣的国家，在那里你能看到成群的牛招摇过市，人们都要纷纷避让；你还能看到许多胖乎乎、模样古怪的大树……

寻找马达加斯加

马达加斯加位于印度洋西部，隔莫桑比克海峡与非洲大陆相望，是一个面积为59万平方千米的岛国，拥有"世界第四大岛"的美誉。境内河流很多，森林也不少，东部为热带雨林气候，西部为热带草原气候。总之，马达加斯加全国各地都很热。

猴面包树的果实、花

国树凤凰木的花

猴面包树

马达加斯加有一种特殊的植物叫猴面包树，这种树的树干最高不过20米，直径可达到15米以上，要十几个成年人手拉手才能合抱起来，所以当地人还叫它"大胖子树""树中之象"。

当地气候终年炎热，有些地区在旱季时，雨量很少。即使条件这样恶劣，猴面包树也能顽强地生长。在雨季时，它便像海绵一样贮藏水分，由此成了人们理想的水源之一，所以它又被称为"生命之树"。

猴面包树

Chapter 4
第四章

欧洲，诸神眷顾的大陆

走进欧洲

ZOUJIN OUZHOU

欧洲的全称是欧罗巴洲，是世界第
六大洲。这个被诸神眷顾的大
陆，不仅拥有无数美丽的神话故事和宛
若仙境的自然美景，还是工业革命的源
头，一直走在时代的前沿。

欧盟一角

🏠 名字的由来

关于欧洲的得名，有很多美丽的神话故事。现在我们就来了解其
中的一个吧。相传宙斯爱上了国王的女儿欧罗巴，想娶她为妻，但又
怕她不同意，于是就想出了个办法。一天，宙斯见到欧罗巴在一
群侍女的陪伴下在大海边游玩，就马上变成一头雄健、温顺的公
牛，来到欧罗巴面前。欧罗巴看到这头可爱的公牛伏在自己身
边，便跨上牛背。宙斯一看欧罗巴中计，立即腾空而起，接着又
跳入海中破浪前进，把欧罗巴带到了远方的一块陆地，与她共同生
活。这块陆地后来就以这位公主的名字命名，叫作欧罗巴洲，也就是
现在的欧洲。

英国巨石阵

宙斯雕像

🏛 欧洲在哪里

　　欧洲与亚洲合称为亚欧大陆，又与亚洲、非洲合称为欧亚非大陆。欧洲并不大，只比最小的大洋洲大一些，它位于亚欧大陆的西部，北接北冰洋，南面隔着地中海与非洲遥遥相望，西面濒临大西洋，东面与亚洲相邻，以乌拉尔山脉、乌拉尔河、大高加索山脉、博斯普鲁斯海峡、达达尼尔海峡为界。

　　看到这里，有人也许会说："不对，不对，我在电视上看到的欧洲的边界线不是这样的。"原来，有些人会从政治、经济、文化或其他方面考虑，给欧洲设定不同的边界线，但地理学上一般会如此划分。

葡萄牙发现者纪念碑

🏠 气候特征

　　欧洲西面濒临大西洋，所以气候受海洋影响较大，那里气候温和，降雨丰富，夏季凉爽，冬季温和、多雨雾，是典型的海洋性气候；东部因为远离海洋，所以受海洋影响不明显，降水量少，相对湿度低，天空晴朗，属于大陆性气候；南部受地中海影响，冬季多雨，夏季干旱，是典型的地中海气候；北部属北冰洋沿岸地区，属苔原气候，全年气温很低。

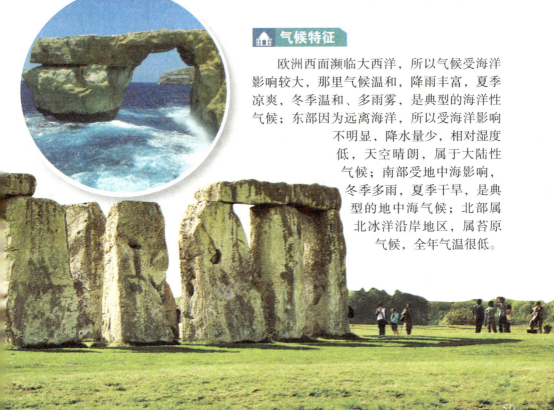

欧洲之最

OUZHOU ZHI ZUI

梵蒂冈大教堂

在七大洲中，欧洲虽然面积不大，但它有令人艳羡不已的风采。欧洲不仅环境优美，经济发达，而且资源也非常丰富。下面我们一起欣赏一下欧洲大地上的顶级风景吧。

最长的内流河

在欧洲的土地上，流淌着一条大河——伏尔加河。这条河被俄罗斯人称为"母亲河"，全长3690千米，流域面积为138万平方千米，是欧洲最长的河流，也是世界最长的内流河。它位于俄罗斯的西南部，给俄罗斯打造了一条水上要道，在俄罗斯的国民经济发展中起着非常重要的作用。

最小的国家

梵蒂冈位于意大利首都罗马城西北角的梵蒂冈高地上，被称为"国中国"，是世界上面积最小的国家，仅有0.44平方千米，同时也是世界上人口最少的国家之一。大家去过北京的故宫吗？梵蒂冈的面积仅有故宫的3/5。梵蒂冈没有田野，没有工业，甚至连理发店也没有，就连最基本的电力、自来水、食品、煤气都要由意大利供应。

🕌 欧洲最高大的山脉

阿尔卑斯山脉是欧洲最有名的山脉，它位于欧洲的中南部，平均海拔在3000米左右，最高的勃朗峰海拔4807米。由于阿尔卑斯山脉各山体的高度和位置不相同，所以气候也极其不同，孕育出的动植物多种多样，景色美丽独特，这些都带动了旅游业的发展。阿尔卑斯山脉有着丰富的资源，是不折不扣的自然宝库。

阿尔卑斯山脉

🕌 干流流经国家最多的河

美丽的多瑙河仿佛一条飘带，被人们称为"蓝色的多瑙河"。它的源头在德国南部，向东流经奥地利、斯洛伐克、匈牙利、克罗地亚、塞尔维亚、罗马尼亚、保加利亚、乌克兰，然后注入黑海。它长2850千米，有300多条支流。多瑙河为欧洲大地做出了巨大贡献，比如调节了城市气候，孕育了多种农作物，为流经的地区带去了生机和经济动力。

多瑙河畔的城市

伏尔加河

"欧洲锯木厂"——瑞典

"OUZHOU JUMU CHANG" ——RUIDIAN

你喜欢大森林吗？来瑞典吧，它可是名副其实的"欧洲锯木厂"。你喜欢发明创造吗？也可以来瑞典，它可是著名发明家诺贝尔的故乡。

诺贝尔故居

国花铃兰

🏛 寻找瑞典

瑞典位于斯堪的纳维亚半岛东部，东面靠近波的尼亚湾，东南与波罗的海相邻，东北方的邻居是芬兰，西面的邻居是挪威，西南与丹麦隔海峡相望，面积为44.99万平方千米。境内湖泊众多，地势由西北向东南倾斜。气候以亚寒带针叶林气候为主，最南部则属于温带气候。

🏛 "北方威尼斯"

瑞典的首都斯德哥尔摩被称为"北方威尼斯"，是瑞典第一大城市。它位于波罗的海西岸、梅拉伦湖入海处，有很多博物馆。一年一度的诺贝尔奖颁奖典礼晚宴在当地市政厅举行。这个市政厅被称为"20世纪欧洲最美的建筑物之一"。

斯德哥尔摩

🏛 森林王国

可以说，瑞典是一个被森林覆盖的国度。在世界森林资源日益减少的今天，瑞典的森林资源却比100年前增加了1倍多，其覆盖率达69%。不仅如此，它的人均森林占

峡湾小城

有率在世界上也名列前茅！瑞典的林木每年都以很快的速度增加。目前，瑞典是世界松木的第二大出口国、纸浆的第三大出口国、纸张的第四大出口国。在这些响当当的数据面前，没人敢质疑瑞典的"欧洲锯木厂"这个称号。

🏛 诺贝尔纪念馆

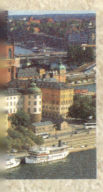

在卡尔斯库加市的白桦山庄，有一座乳白色的二层楼房，它就是诺贝尔纪念馆，伟大的科学家诺贝尔曾经住在这里。这座纪念馆始建于1975年，里面保存着诺贝尔生前的陈设和生活的照片，还有他获得的各种技术发明证书、金质奖章和他的遗嘱。

国鸟乌鹊

万岛之国——挪威

WAN DAO ZHI GUO——NUOWEI

挪威是一个多岛屿和峡湾的国家，一个渔产丰富的国家。在这片丰饶的土地上，还有过众多凶恶的海盗。

走进挪威

挪威在斯堪的纳维亚半岛的西部，南濒北海，西、北两面分别与挪威海和巴伦支海相邻。挪威还与瑞典、芬兰、俄罗斯接壤，与丹麦隔海相望，面积为38.5万平方千米（包括斯瓦尔巴群岛等属岛）。境内多高山、冰川和林地，海岸线长而曲折，多峡湾和岛屿。首都是奥斯陆。

挪威有1/3的国土位于北极圈内，大部分地区属于亚寒带针叶林气候，冬天漫长而寒冷；南部属于温带海洋性气候，气候比较温和，大部分海面冬天也不会结冰。

峡湾

万岛之国

挪威虽然不是印度尼西亚那样的群岛国家，但却是岛屿最多的国家。其拥有的岛屿数量估计超过20万个，仅仅是近海岛屿就多达约15万个！据科学家研究，它之所以会有如此之多的岛屿，与冰川侵蚀有很大关系。

🏠 多鱼的国家

挪威有多如繁星的岛屿和冰冷纯净的海水，这些都为鱼的生长提供了绝佳场所。谈到挪威，就不能不提它的海产，它有广受欢迎的三文鱼、真鳕、帝王蟹、鲭鱼、鲱鱼等。世界上大约有150个国家的餐桌上有挪威的海产品，其中三文鱼的名气最大，被称为世界上最健康的鱼类之一。

约斯特谷冰原

精灵之路

🏠 挪威的灵魂

挪威的峡湾很有名，包括世界著名的四大峡湾，它们分别为哈当厄尔峡湾、松恩峡湾、盖朗厄尔峡湾和吕瑟峡湾，其中松恩峡湾是挪威最大的峡湾，也是世界最长、最深的峡湾。美丽的峡湾为挪威提供了最具代表性的景观，被誉为"挪威的灵魂"。挪威人以峡湾为荣，认为峡湾是当地人性格的象征。

🏠 首都奥斯陆

奥斯陆是挪威的首都。传说，奥斯陆意为"上帝的山谷"，它位于挪威东南部，面对大海，背靠山峦，城市风格独特，环境幽雅，风景迷人。城市濒临曲折迂回的奥斯陆峡湾，背倚巍峨耸立的霍尔门科伦山，绿海映着苍山，青山碧水使整座城市既有海滨都市的旖旎风光，又不乏因依托高山密林而展示出来的雄浑气势。

国鸟河乌

65

安徒生的故乡——丹麦

ANTUSHENG DE GUXIANG——DANMAI

大家都读过童话，你最喜欢的童话是什么呢？是《海的女儿》《丑小鸭》，还是《卖火柴的小女孩》？这些美丽的童话都来自丹麦。现在就让我们一起走进丹麦，认识一下这个童话王国吧。

国树冬青

哥本哈根掠影

寻觅丹麦

丹麦位于欧洲北部，在北海和波罗的海之间，包括日德兰半岛的大部分和西兰、菲英、洛兰、博恩霍尔姆等400多个大小岛屿，南与德国接壤，面积为4.31万平方千米。

丹麦地势低平，平均海拔只有30米左右，半岛东部及菲英岛等地有一些起伏的小丘陵，海岸曲折，多峡湾。

欧塞登的城堡

"北欧的巴黎"——哥本哈根

"哥本哈根"在丹麦语中的意思是"商人的港口"，它是丹麦的首都，也是丹麦最大的城市和最大的港口。它坐落于西兰岛的东部，市区内有很多宫殿、博物馆和公园，而且还有河流贯穿，这些都和巴黎非常相似，因此哥本哈根又被称为"北欧的巴黎"。2008年，《Monocle》杂志将哥本哈根选为"最适合居住的城市"。

哥本哈根一角

乐高积木公园

林德霍尔姆海盗遗址

丹麦硬币

🏛 童话王国

进入童话王国是很多人的梦想，那么来丹麦吧，你肯定不会失望。伟大的童话作家安徒生就生活在这个可爱的国度里，他那些脍炙人口的作品被译成多种语言在全世界流传，所以丹麦就有了"童话王国"的称号。

在丹麦，你很容易感受到童话的气息。大家一定都知道美丽善良的美人鱼吧，虽然在故事中她变成了泡沫，但你在丹麦首都哥本哈根长堤公园的一块鹅卵石上，就可以看到她。原来，人们在那儿为她制作了一具铜像。铜像以丹麦著名芭蕾舞演员的形象为原型，大小和真人差不多。铜像身体的其他部位都是人形，只有脚是鱼尾形。

小美人鱼铜像

丹麦酥

🏛 特色美食

丹麦有很多特色美食。比如三明治，不仅味道好，而且花样多，简单的有随处可见的开口三明治，那些复杂的宛若一件件艺术品，有的看上去简直就是微型雕塑。在丹麦，最有名气的食品要数"丹麦酥"了，几乎在每条街上的甜品店里都能看到它的身影。

圣诞老人的故乡——芬兰

SHENGDAN LAOREN DE GUXIANG——FENLAN

国外的小朋友都喜欢过圣诞节，因为据说在那天，圣诞老人会通过烟囱悄悄地来到他们身边，送给他们梦寐以求的礼物。那么，圣诞老人是从哪里来的呢？他的故乡在哪里呢？

赫尔辛基

走进芬兰

圣诞老人的故乡在芬兰。芬兰东面的邻居是俄罗斯，西面的邻居是瑞典，西南方靠近波罗的海，面积为33.8万平方千米，领土的1/3在北极圈内。该国冬季寒冷，只有南部较温和。境内北部与东部是高地，其余以丘陵和平原为主。首都是赫尔辛基。

圣诞老人村

在芬兰的拉普兰地区有一个圣诞老人村。村子坐落在一片密林的空地上，里面有餐厅、花圃、圣诞老人办公室、居所、邮局、礼品店、麋鹿园等。在这里，你可以买到拉普兰人住宿的帐篷、鹿角作为纪念品，还可以得到一张跨越北极圈的证书。圣诞老人邮局里有各种充满童话色彩的邮票、贺卡等。所有从此处寄出的信件，都会被盖上北极圣诞老人邮局的邮戳。

圣诞老人村

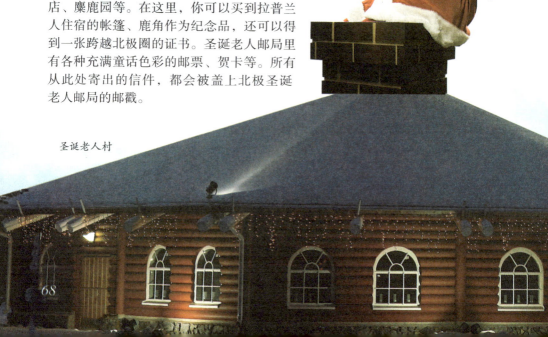

千湖之国

芬兰有约18.8万个大大小小的湖泊，所以得到了一个"千湖之国"的美名。

芬兰为什么会有这么多湖泊呢？这得归功于它所处的自然环境。芬兰地靠北极圈，在很多年前被冰层封冻着。这些冰层不断地运动，产生了巨大的力量，使得地表逐渐下降；此外，地表因软硬不同，所以受冰层运动的影响也不同，这样就导致地面凹凸不平。后来，气候发生变化，这里的温度不断转暖，冰层慢慢融化，大大小小的湖泊便相继产生了。

芬兰农场

西贝柳斯公园雕塑

芬兰堡

芬兰堡建在首都赫尔辛基外海的一串小岛上，已被联合国教科文组织确认为世界文化遗产，现在已经是芬兰重要的旅游景点之一了。每年夏季来这里的轮船络绎不绝。在这里，白天你可以游泳、钓鱼、野餐、享受日光浴，晚上可以欣赏戏剧演出，参加展览会、音乐会。值得一提的是，芬兰堡曾是军事要塞，它有明堡、暗堡、军营、炮台等古迹，如果你是一个军事爱好者，来这里探险你一定不会失望。不过芬兰堡虽好，冬天就不要去了，因为那里的冬天白天很短，还冷得要命。

芬兰堡炮台

踩在"火球"上的雪国——冰岛

CAI ZAI "HUOQIU" SHANG DE XUEGUO——BINGDAO

有一片冰雪大地，有纯净的水源，有清新的空气，它仿佛是飘渺的仙境。更奇特的是，这仙境竟然坐落在"火球"上。它就是冰岛。

国鸟海鹦

 走进冰岛

冰岛是欧洲西北大西洋上的一个岛国，临近北极圈，面积为10.3万平方千米。冰岛领土的3/4为高原，沿海有狭小平原，多火山、温泉、瀑布，地热和水力资源非常丰富。首都是雷克雅未克。境内北部属于寒带苔原气候，全年都是冬季，气候寒冷；南部属于温带海洋性气候。

蓝湖

海盗村遗址

冰与火交汇

冰岛堪称冰与火的化身。这里有200~300座火山，其中华纳达尔斯赫努克火山是冰岛的最高峰。冰岛整个国家差不多都位于火山岩石上。冰岛是世界上温泉最多的国家。从首都雷克雅未克出发，驱车一小时左右就可到达世界最著名的温泉湖之一——蓝湖。蓝湖宛若蓝宝石一般，镶嵌在黑色的火山岩中，四周的泥地则是白色的。

冰岛绵羊

冰岛很古怪

冰岛这个神秘的国度，与其他北欧国家比起来，有些古老，比如在当今这个铁路畅行的时代，它竟然没有铁路。冰岛有酷似月球地形的地形，是月球爱好者探险的首选之地。告诉你一个秘密，它可是宇航员登月训练的基地哟。

冰岛地热喷泉

瓦特纳冰川国家公园

最北边的国都

雷克雅未克是冰岛的首都，它离北极圈很近，是世界上最北边的国都。这座城市受北大西洋暖流的影响，气候温和、湿润。这座城市上空经常水汽弥漫，古代时人们以为是烟，所以称当地为"雷克雅未克"，在冰岛语中的意思是"冒烟的城市"。

领土面积最大的国家——俄罗斯

LINGTU MIANJI ZUIDA DE GUOJIA——ELUOSI

俄罗斯是全世界领土面积最大的国家，这里有广袤的土地、优美的景色、漫长的冬天和热情好客的人们。让我们一起走进俄罗斯，去领略当地独特的风情吧！

🏛 地广人稀

俄罗斯位于欧洲东部和亚洲北部，东面濒临太平洋，西南与黑海、里海相临，北与北冰洋相邻，陆地西侧与挪威、芬兰等国相邻，西南与格鲁吉亚、阿塞拜疆相邻，南与哈萨克斯坦、中国等国接壤。俄罗斯还有一块离家较远的土地在波兰和立陶宛之间。俄罗斯总面积为1709.82万平方千米，是世界上领土面积最大的国家。

🏛 森林中的首都

俄罗斯的首都莫斯科，是俄罗斯境内最大的综合性城市。市内有数百个公园及自然保护区，绿化率高，几乎整个城市都掩映在绿色之中，所以莫斯科也是人们公认的"森林中的首都"。就整个欧洲地区来说，莫斯科是人口最多的城市之一。虽然当地有发达的交通设施，但其交通总是很拥挤。来莫斯科前，你一定得做好这一方面的准备哟！

西伯利亚虎

克里姆林宫

西伯利亚和它的"蓝眼睛"

西伯利亚是俄罗斯境内北亚地区的一片广阔地带，冬天漫长而寒冷。这里的森林面积广大，大多是耐寒的针叶林。这里虽然冷，但也生机盎然，矫健的鹿、狡猾的狐狸以及凶恶的熊和老虎等都在此处安家。

贝加尔湖位于东西伯利亚高原南部，狭长弯曲，好似一轮弯月，其含水量约占全球地表淡水总量的1/5。贝加尔湖被称为"西伯利亚的蓝眼睛"。

贝加尔湖

伟大的建筑

莫斯科红场位于莫斯科的市中心，是莫斯科历史的见证者和俄罗斯人的骄傲。红场呈长方形，面积约为4万平方米，与克里姆林宫相连。克里姆林宫在俄语中是"内城"的意思，呈三角形，是世界上最大的建筑群之一，享有"世界第八奇景"的美誉。

圣彼得堡

圣彼得堡是俄罗斯仅次于莫斯科的第二大城市，被誉为"北方之都"。圣彼得堡的名胜古迹闻名遐迩，这里有大量著名的建筑：彼得保罗要塞、彼得大帝夏宫、喀山大教堂等，高雅华贵，多姿多彩。举世闻名的冬宫就坐落在圣彼得堡皇宫广场。

酒花之国——德国

德国是《格林童话》的故乡，也是一个充满活力的国家。如果你是一个足球运动爱好者，那你一定会爱上德国。

走进德国

德国位于欧洲中部，北部靠近北海、波罗的海，陆地上与波兰、捷克、奥地利、瑞士、法国、卢森堡、比利时、荷兰、丹麦接壤，面积为35.7万平方千米。该国地势南高北低，大体可分为三大地形区：南部为阿尔卑斯山地和巴伐利亚高原；中部为块状高地与盆地、河谷低地交错分布区；北部为冰碛平原，这种平原是冰河溶解后大量冰碛在原地堆积形成的。

德国属于温带气候，其西北部海洋性明显，夏天不热，冬天不冷；东部、南部逐步过渡到大陆性气候，冬冷夏热。

饮食与足球

德国人喜食猪肉，很多菜都与猪肉有关，比如香肠、烤猪肘等。其饮食风格以粗犷为主的同时又夹杂清淡、酸甜口味；他们不喜欢吃鱼、虾等，也不喜欢过于辣的菜肴。德国人很喜欢喝啤酒，当地啤酒种类很多，如白啤酒、黑啤酒、科什啤酒、无酒精啤酒等。

在德国，无论成年人还是孩子，几乎个个都是足球迷。德国足球联合会拥有超过500万的会员，业余足球联合会也数以千计。

魅力名城

柏林是德国最大的城市，有河有湖，花木随处可见，著名的景点有德意志歌剧院、国会大厦等。汉堡是德国最重要的港口、第二大城市，全市有100多座公园和约20万棵街旁树木，被称为"绿色大都市"。慕尼黑是德国第三大城市，有"四多"，即博物馆多，公园喷泉多，雕塑多，啤酒多。

啤酒车

犹太博物馆里的物品

《格林童话》的故乡

睡美人城堡

德国是《格林童话》的故乡，《格林童话》是德国著名语言学家雅各·格林和威廉·格林兄弟二人收集、整理、加工而成的。为了纪念格林兄弟，德国每年都会举行一次格林兄弟童话节，地点在哈瑙市（格林兄弟出生的地方）。人们还专门设立了一个名为"德国童话之路"的旅游线路，以哈瑙为起点，在德国北部的不来梅结束。

75

郁金香之国——荷兰

YUJINXIANG ZHI GUO——HELAN

荷兰是个美丽的国度，它的别称太多啦，比如"低地之国""风车之国""郁金香之国"等，每个美称都有一番来历。

荷兰立体方块屋

🏠 走进荷兰

荷兰位于欧洲西部，西、北两面临北海，东面和南面分别与德国和比利时为邻，面积为4.15万平方千米，首都是阿姆斯特丹。全境河流密布。

荷兰境内1/3的土地海拔不到1米，1/4的土地低于海平面！相对而言，荷兰境内的东南角地势较高，但平均海拔高度也不到200米。地势低洼的最大弊端就是水患频繁，很早以前，荷兰的居民就开始围海造田，修堤筑坝，取得了令世人称赞的成就。

🕌 点花成金

别看荷兰的土地面积不大，却种植有将近180平方千米的鲜花。现在荷兰每年大约培育90亿株鲜花，其中郁金香就有30亿株。有人推断，如果把这些郁金香全部排列起来，能够围着赤道绕7圈。郁金香是荷兰的国花，也是当地种植最广泛的花卉。在首都阿姆斯特丹，有一个库肯霍夫公园，是世界上最大的郁金香公园。

国花郁金香

🕌 木鞋

木鞋、风车、奶酪、郁金香号称荷兰四宝，而木鞋又位于四宝之首，它在人们心目中的地位可想而知。荷兰有光照期短、地势低洼的特点，土地太潮湿，而木鞋最能防潮，因而成了荷兰人的最爱，这也是木鞋成为荷兰四宝之一的一个重要原因。

🏠 风车作用大

　　欧洲曾流传一句话："上帝创造了人，荷兰风车创造了陆地。"这句话形象地体现了风车对于荷兰的重要性。荷兰地势低洼，海潮侵蚀严重。为了生存，荷兰人创造了高达几米甚至几十米的抽水风车，这些风车还可以用来碾谷物、粗盐、造纸等。正是这些风车不停地运转，才保障了荷兰全国2/3的土地免受被水淹没之灾。

传统木鞋

马德罗丹小人国

🏠 神秘小人国

　　马德罗丹小人国是世界上第一个"微缩公园"，公园把荷兰有名的建筑都按照1:25的比例制作出来。你如果没有足够的时间游览荷兰的话，不妨去这个公园看看，可以在最短时间内领略荷兰王宫、海牙国会大厦、奥克马奶酪市场等建筑的风采。

🏠 特色美食——奶酪

　　如果说荷兰有什么特色美食的话，大多数人都会认为是奶酪。奶酪在荷兰非常著名，种类繁多，多得让人无法想象。而且在荷兰，奶酪和红酒一样，也是分等级的，最贵的奶酪价格让人瞠目结舌。

荷兰奶酪工厂

"欧洲小虎"——爱尔兰

>> "OUZHOU XIAOHU"——AI'ERLAN

国鸟蛎鹬

你喜欢看踢踏舞表演吗？你对神秘的城堡充满向往吗？如果你的答案是肯定的，那么你一定会喜欢上爱尔兰。爱尔兰被称为"欧洲小虎"，因为它的经济发展非常迅速。

🏠 "欧洲农村"

　　爱尔兰位于欧洲的西部，在爱尔兰岛上，东北与英国的北爱尔兰相接，东面隔爱尔兰海、圣乔治海峡与大不列颠岛相望，西面靠近大西洋，面积为7.03万平方千米，首都是都柏林。爱尔兰沿海地区多为山地，中部地区以平原为主，境内除香农河外，其余河流都较短。气候温和湿润，属于温带海洋性气候。

　　爱尔兰是欧洲最大的铅锌生产国。它还是一个传统的农牧业国家，所以有"欧洲农村"的称号。

爱尔兰山区

🏠 男人也穿裙子

　　格子短裙，在我们的印象里只有女孩才穿，可事实上，爱尔兰男人也穿裙子。你千万别笑话人家，那可是一种风俗。如果你仔细观察就会发现，爱尔兰的裙子是有男女之别的，一般男士的裙子以传统手工布料为材料，有格子花纹，而女性则以麻布裙子为主。

国犬凯利蓝梗

国花白三叶草

爱尔兰城堡

热情洋溢的踢踏舞

"哒哒哒，哒哒哒"，看，电视上正在播放踢踏舞表演呢。演员们衣着整齐，上身笔直，表情严肃，动作十分齐整，真让人羡慕不已。说起踢踏舞，不得不提爱尔兰。爱尔兰的踢踏舞热情奔放，节奏鲜明，富于变化，集爱尔兰传统音乐、歌舞的精华于一身，其中最有名的踢踏舞舞剧要数《大河之舞》了。

《大河之舞》被亲切地称为"爱尔兰文化使者"，它融合了爱尔兰踢踏舞、俄罗斯芭蕾舞和西班牙的弗拉门戈等多种舞蹈形式，受到世界各地舞蹈爱好者的喜爱，被冠以"世界第一踢踏舞"之名，是每个爱尔兰人的骄傲。

城堡很有名

在童话故事中常常提到神秘的城堡，里面住着公主、王子，还有凶恶的巫婆、怪兽。向往到城堡探险的人，一定要到爱尔兰去。爱尔兰有很多城堡，因为历史上它曾经被英国统治了好几百年，英国国王在这里册封了很多领主，领主们纷纷建立城堡作为自己的据点。几百年过去了，爱尔兰很幸运，没有遭受太多的战火，所以不少城堡都被完整地保存了下来。

莫赫悬崖上的城堡

79

施华洛世奇水晶世界

音乐之乡——奥地利

▶▶YINYUE ZHI XIANG——AODILI

奥地利以美丽的多瑙河和森林景色著称。绵延起伏的阿尔卑斯山，蜿蜒流淌的多瑙河，给音乐家提供了不少灵感。

🏛 基本情况

奥地利是欧洲中部的内陆国，与捷克、斯洛伐克、匈牙利、斯洛文尼亚、意大利、瑞士、列支敦士登、德国为邻，城市人口占大多数，面积为8.39万平方千米。首都是维也纳。奥地利境内多为东阿尔卑斯山地，森林和水力资源非常丰富。北部多瑙河沿岸为丘陵和平原。

🏛 音乐之都——维也纳

维也纳有"音乐之都"的美誉，它是奥地利的首都，是享誉世界的文化名城。许多音乐家都在此度过了人生的大部分时光，现在博物馆里还陈列着他们的手迹和创作出的乐谱。维也纳森林环抱市区，多瑙河从市区静静地流过，到处郁郁葱葱，景色迷人，因此维也纳又有"多瑙河的女神"之称。在这里，每个家庭都会在合家欢乐时演奏古典音乐。更有趣的是，在政府会议前后，人们也都要演奏一曲。

施特劳斯雕像

霍夫堡宫

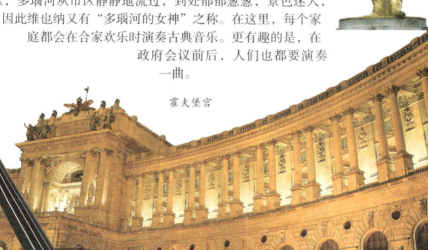

大钟塔

霍夫堡宫

🏛 神奇的建筑

在格拉茨，有一个标志性建筑——大钟塔，它已经有几百年的历史了。它曾经是一座守望塔，1588年重建后变成了今天这副模样。塔里的大钟每天敲3次，每次都响101下，这是为了提醒人们，它是用101枚炮弹铸造成的。

霍夫堡宫位于维也纳市中心，是一座豪华的王宫。王宫分上宅、下宅两部分，两宅各有一个大花园。上宅是国王办公、迎接宾客和举行盛大活动的地方，下宅是住宿的地方。

🏛 地下的童话王国

亨特尔布吕湖是欧洲最大的地下湖，面积约为6200平方米，被誉为"地下的童话王国"。亨特尔布吕湖是著名的旅游胜地，每年都会吸引成千上万的游客前来参观，湖面低于地面60米，湖水碧蓝，走到湖边要通过一条近450米长的坑道。

巨人喷泉

81

最浪漫的地方——法国

>> ZUI LANGMAN DE DIFANG——FAGUO

提起法国，我们的脑海中不禁浮现出高耸的埃菲尔铁塔、风云人物拿破仑、凯旋门等。现在，就让我们一起去认识一下这个浪漫而美丽的国家吧。

吉维尼小镇

🏠 基本情况

法国是欧洲西部的国家，包括科西嘉等岛屿，西面靠近大西洋的比斯开湾，西北隔英吉利海峡同英国相望，东南靠近地中海，东北、东、西南邻比利时、卢森堡、德国、瑞士、意大利、摩纳哥、西班牙、安道尔，本土面积为55万平方千米。境内地势东南高，西北低。法国大部分地区属海洋性温带阔叶林气候，冬暖夏凉，常年有雨；东部属大陆性气候，冬冷夏热；南部属地中海气候，夏天炎热干燥，冬天温和多雨。

香榭丽舍大街夜景
香波城堡

🏠 香榭丽舍大街

香榭丽舍大街是巴黎最具特色、最繁华的街道之一。"香榭丽舍"在法文中是"田园乐土"的意思。大街以南北走向的隆布万街为界，分成风格迥异的东西两段。东段非常幽静，体现了田园风光，这里有成排的梧桐，株株苍翠欲滴，街心花园掩映在万木丛中，时隐时现。大街西段是高级商业区。法国的一些重大节日，如国庆、新年联欢等都在这条著名的街道上举行。

卢浮宫

埃菲尔铁塔

说起法国，怎能不说那座举世闻名的埃菲尔铁塔呢？埃菲尔铁塔是现代文明的产物，以其设计师埃菲尔的名字命名。它于1887年破土动工，1889年建成，用时2年多，总重9000吨！每年都有成千上万的游客慕名而来，登上塔顶俯瞰壮观的巴黎市容。埃菲尔铁塔是巴黎的象征，更是法国人民的骄傲。

埃菲尔铁塔

法国一葡萄园

"香水之都"城格拉斯

时装不卖第二件

法国的时装在世界上享有盛誉，一直引导着世界时装的潮流。在法国，服装店老板们的口号是"时装不卖第二件"。在大街上，你几乎看不到两个妇女穿着一模一样的服装。法国时装是法国服装的精华，每件时装都是一件艺术作品，每一针每一线无不凝聚着设计师的智慧与创造。在巴黎，每年都有时装博览会，引领着全世界的时装潮流，影响着人们的流行观念。

绅士国度——英国

有一个国家曾经是世界的霸主，该国的人认为照顾女性是男性的天职，见面总爱谈天气。你能猜出这是哪个国家吗？没错，它就是英国。

萨默塞特花田

哈德良长城

🏠 基本情况

　　英国的全称是"大不列颠及北爱尔兰联合王国"，位于欧洲西部的不列颠群岛上，由大不列颠岛、爱尔兰岛东北部及附近许多小岛组成，西临大西洋、东临北海、南靠多佛尔海峡和英吉利海峡、面积为24.41万平方千米。居民中，80%以上是英格兰人，其余是苏格兰人、威尔士人和爱尔兰人等。

🏠 绅士风度

　　英国人很注重绅士风度。对于英国贵族来说，礼仪是他们生命中不可或缺的一部分，彬彬有礼已成为他们的日常习惯。在英国，女性受到男性的尊重和保护是天经地义的礼仪传统。

大本钟

🏛 多变的天气

在英国，人们打招呼的开场白一般都是"今天天气如何"，这是为什么呢？原来英国的天气受北大西洋暖流的影响，全境都属于湿润的温带海洋性气候，四季寒暑变化不大。可是英国一天之中的天气却是变化无常的，早晨还是万里无云、阳光明媚，到了9点左右也许就会下起小雨，过一会儿又雨过天晴了。每天面对如此复杂多变的天气，天气自然就成了英国人最容易提到的话题。

🏛 "雾都"伦敦

伦敦是英国的首都，是全球最繁华的城市之一。市内有很多闻名世界的建筑，比如大本钟、伦敦塔、白金汉宫等。伦敦又叫"雾都"。20世纪初，伦敦人大部分都使用煤作为家居燃料，产生大量烟雾，再加上当地气候的影响，伦敦便笼罩在"远近驰名"的雾中，并由此得名"雾都"。现在，伦敦的空气质量已经得到了明显的改善。

"伦敦眼"

斗斗牛，跳跳舞——西班牙

DOUDOUNIU, TIAOTIAOWU——XIBANYA

西班牙是个资源丰富、经济发达的
国家，有"旅游王国"的美称。
西班牙也是一个热情洋溢的国家，
斗牛、跳舞是当地人十分喜欢的活
动。现在，让我们一起走进这个美
丽的国度吧。

米拉之家

寻找西班牙

西班牙位于欧洲西南部，在伊比利亚半岛上，北面
临比斯开湾，西北、西南临大西洋，东和东南临地中海，
南面隔直布罗陀海峡，同北非摩洛哥相望，与法国、安道尔、
葡萄牙是邻居，面积为50.59万平方千米。该国是欧洲地势最高的国
家之一，境内常常可以看见高原和山地。气候温暖，北部属温带阔叶
林气候，南部属地中海气候，西北部较温润，内陆和东南部较干燥。

欧洲地势最高的首都

马德里是西班牙的首都和最大的城市，也是欧
洲地势最高的首都，海拔约670米。马德里既有历
史积淀，又充满现代气息，现代化的高楼大厦与
风格迥异的古建筑相映生辉。市内风景优美，
有许多名胜古迹，随处可见树木、草坪和各
种造型别致的喷泉。

激烈的斗牛

说到西班牙，当然不能不提其国粹——斗牛。斗牛是西班牙最具代表性的民族体育项目，那大红的绸缎和节奏感极强的音乐，完美地体现了西班牙人粗犷豪放的性格。

斗牛是一种冒险艺术，斗牛士与公牛之间的纠缠，犹如一场华丽的死亡之舞。完整的斗牛用具包括长矛、花镖、利剑、匕首、斗篷和红布。其中，斗篷和红布是大众所熟识的斗牛工具。斗牛士用鲜艳的斗篷或红布逗耍公牛，直到公牛筋疲力尽，斗牛士便依照程序结束公牛的生命。杰出的斗牛士被视为英雄。

弗拉门戈舞者

西班牙一海滩

热情的舞蹈

西班牙舞蹈热情大胆，独具风情。在众多的舞蹈种类中，弗拉门戈舞是一种独具特色的舞蹈，如今更是成了西班牙最具代表性的舞蹈。弗拉门戈舞是西班牙境内安达卢西亚地区吉普赛人的舞蹈，这种舞蹈通过夸张的动作，表达了人类最无保留的情绪，极具魅力。

长得像靴子的国家——意大利

ZHANG DE XIANG XUEZI DE GUOJIA——YIDALI

意大利历史悠久，经济繁荣，美食众多。在意大利，你可以品尝到多种多样的美食。如果你是一个对美食没有抵御能力的人，不妨来意大利转转，你一定会大饱口福。

比萨斜塔

🏛 走进意大利

打开地图，在欧洲南部，你会发现一个形状像长筒靴的国家，它就是意大利。意大利在亚平宁半岛上，西面靠近利古里亚海与第勒尼安海，东面靠近亚得里亚海，北与法国、瑞士、奥地利等国相临，南隔地中海与北非相望，面积为30.13万平方千米。境内以山地、丘陵为主，约占国土面积的80%。首都是罗马。

🏛 比萨斜塔

在意大利，有一座塔斜斜的，像个将要倒下的醉汉，这座塔就是闻名世界的比萨斜塔。它是由白色的大理石砌成的，是一个外观呈圆柱形的钟塔。你也许会问，为什么它是斜的呢？原因是建塔时人们没有做好奠基工作。不过它倒因祸得福，因此而闻名世界。

古罗马大角斗场

🏛 水城威尼斯

　　威尼斯在意大利东北部、亚得里亚海沿岸的118个小岛上，是名副其实的水上城市。它有177条水道，400多座桥梁，人们出行都以船代车。威尼斯是一座繁华的城市，市内建有著名的圣马可广场，每年都举行一系列的音乐会、戏剧表演、艺术展览等活动。

威尼斯

意大利面

🏛 罗马大角斗场

　　罗马大角斗场是罗马时代最伟大的建筑之一，也是保存得最好的一座圆形竞技场，是当年古罗马帝国统治者驱使奴隶相互搏斗或同猛兽搏斗以娱乐的场地。罗马大角斗场是世界新七大奇迹之一，也是罗马帝国的象征。罗马大角斗场的外观像一座庞大的碉堡，和大多数古罗马建筑一样，其基本结构是拱券结构，一系列的拱、券和恰当安排的椭圆形建筑构件，使整座建筑极为坚固。

罗马大角斗场

"欧洲公园"——瑞士

"OUZHOU GONGYUAN"——RUISHI

拉沃葡萄园梯田

————直以来，瑞士都是人们心目中的人间天堂。它经济发达，风景如画，有"世界花园""钟表王国""金融之国""欧洲公园""欧洲水塔"等称号。

🏠 寻觅瑞士

瑞士是欧洲中部的国家，面积为4.13万平方千米，与法国、意大利、奥地利、列支敦士登、德国是邻居。首都是伯尔尼。瑞士境内以山地和高原为主，西北为侏罗山脉，中部和南部为是人们称为"欧洲屋脊"的阿尔卑斯山脉。瑞士的山间谷地气候较温和，高山较寒冷。除了高山，这里还有众多湖泊。

瑞士军刀

日内瓦湖畔的西庸城堡

🏠 那些名城

苏黎世坐落在苏黎世湖畔，是瑞士第一大城市。它既是全国最大的金融和商业中心，又是瑞士的文化、教育中心。在这里，你能看到苏黎世大教堂、神秘的古堡和漂亮的喷泉。

日内瓦坐落在风景宜人的日内瓦湖西南角，依山傍水，冬天不冷，夏天不热，有很多自然风景区，还有众多名人的故居，比如雪莱故居、拜伦故居等。

洛桑位于日内瓦湖北岸，名校云集，风景优美。国际奥林匹克委员会总部也设在这里。

苏黎世夜景

🏠 军刀和手表

瑞士军刀因瑞士军方经常为士兵配备这类工具刀而得名。别看它个头不大，乍看上去和折叠水果刀长得差不多，实际上它非同一般，集各种工具于一身，比如圆珠笔、牙签、剪刀、平口刀、开罐器、螺丝起子、镊子等，所以又叫万用刀。

瑞士手表的名气一点都不比瑞士军刀差。在最开始，制表工艺可没有现在这么简单方便，几乎全是手工操作，所以产量很少，价格自然非常昂贵。后来出现了制表机械，手表才可以被大批生产。

布里恩茨湖

阿尔卑斯长号

航海家的故乡——葡萄牙

葡萄牙是欧洲伊比利亚半岛上的一个国家，其西部和南部濒临大西洋，北部和东部与西班牙相接，首都里斯本以西的罗卡角是欧洲大陆的最西端。除了在欧洲大陆的本土之外，大西洋的亚速尔群岛和马德拉群岛也是葡萄牙的领土。16世纪时，葡萄牙曾是影响世界的殖民帝国，也是重要的海上强国，对航海事业的发展起到过极大的推动作用。

贝伦塔

🏠 辛特拉

辛特拉位于里斯本近郊，是摩尔人贵族与葡萄牙王室的夏宫所在地，它是一个美丽的地方。这一带山峦起伏，城堡和别墅就坐落在这一碧连天之中，人文景观与自然风光交相辉映。这座城市作为旅游胜地，经常被国王和贵族赞美，被诗人和作家称颂，拜伦就曾将它比喻为"伊甸园"。

水车

诸神的国度——希腊

▶▶ZHUSHEN DE GUODU——XILA

在地中海的北面、爱琴海的西面，有一个美丽的国家——希腊。在希腊神话中，这里可是宙斯等众神居住的国度。

雅典娜雕像

圣托里尼岛建筑

🏛 走进希腊

希腊位于巴尔干半岛的南部，与阿尔巴尼亚、马其顿、保加利亚、土耳其相邻。国土面积为13.2万平方千米，其中岛屿面积约占国土面积的15%。境内的75%都是山区，沿海有一些狭小平原、低地。奥林匹斯山是希腊最高峰，海拔2917米，山顶常年都是积雪，被云雾层层笼罩着，看起来很神秘，相传希腊众神就在这里安家，所以奥林匹斯山被希腊人奉为"神山"。

除高山外，其余地区属于地中海气候，夏季炎热干燥，冬季温和湿润。

🏛 首都雅典

雅典是希腊的首都，位于巴尔干半岛南端，是希腊最大的城市，也是古希腊文明的发源地，被称为"西方文明的摇篮"。这里工业发达，交通便利，文化繁盛，是世界著名的旅游胜地，现在还保留着很多古希腊、古罗马和拜占庭时期的文化遗迹。在雅典市中心的一座小山上，有一个建筑群遗址——雅典卫城。雅典卫城曾经是古希腊统治者的城堡，也是古希腊的公共活动中心和国家的象征。可惜这里的建筑在战争期间遭到破坏，我们只能看着残迹去联想它们昔日的风采了。

奥林匹亚

奥林匹亚是古希腊的一座城市，是现代奥林匹克运动会的发祥地。古时候，人们都集中在这里进行祭祀，或者进行体育比赛。这里有古老的竞技场——奥林匹亚竞技场。第一次奥林匹亚竞技赛是于公元前776年在希腊的伯罗奔尼撒半岛举行的，此后每4年举行一次。每当大赛开始，所有的战争都要停止，即"神圣休战"。现代奥林匹克运动会就源于奥林匹亚竞技赛。

雅典卫城一角

国宝帕提侬神庙

帕提侬神庙是古希腊全盛时期建筑与雕刻的主要代表，也是人类艺术宝库中一颗璀璨的明珠，有"希腊国宝"的美誉。它是供奉雅典娜女神的神庙，这座神庙玉阶巨柱，画栋镂檐，遍饰浮雕，蔚为壮观。整座庙宇的雕像装饰是古希腊艺术水平的顶点，此外，这些雕像还被视为公民民主制度发端的标志，是举世闻名的文化遗产之一。

橄榄

Chapter 5
第五章

大洋洲，最小的大洲

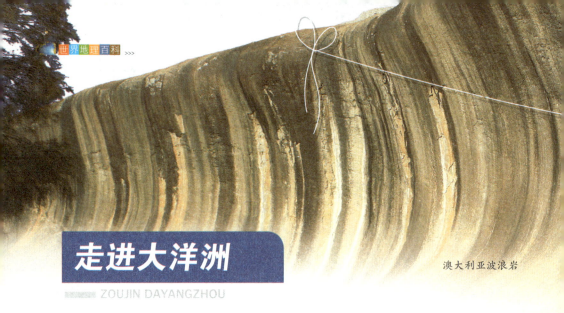

走进大洋洲

澳大利亚波浪岩

ZOUJIN DAYANGZHOU

有一个看起来很孤独的大洲，身体横跨南北半球，块头却最小，只能孤零零地待在太平洋里。其实这个孤独的大洲一点儿都不贫瘠，其独特的地理位置赋予它许多令人惊奇的特色。这个大洲就是大洋洲。

大洋洲在哪里

基芬岛沉船

大洋洲位于太平洋西南部，赤道南、北的广大海域中，处在亚洲、南极洲，和南、北美洲之间，西与印度洋相邻，东与太平洋相邻，并与南、北美洲隔太平洋遥遥相对，陆地面积为897万平方千米，占世界陆地面积的6%，是七大洲中面积最小的大洲。

岛屿多

大洋洲岛屿类型全且分布零散。整个大洋洲的陆地实际上是由一个大陆、两个大岛及三大群岛组成的：一个大陆指的是澳大利亚（包括塔斯马尼亚岛和其他附属的岛屿）；两个大岛分别是新西兰、新几内亚；而三大群岛则是指波利尼西亚、密克罗尼西亚、美拉尼西亚。

这些岛屿有的是海底火山喷发形成的火山岛，有的是由珊瑚虫的遗体堆积而成的珊瑚岛，还有的是因为地壳运动而从原来的大陆分离出去的大陆岛。大洋洲处处是浪漫的热带海岛风光，是休闲、度假的天堂。

澳大利亚费尔德山国家公园

墨尔本皇冠逍遥之都

澳大利亚滕南特克里克

一点儿都不孤独

大洋洲看起来挺孤独，但它实际上一点儿都不孤单，它可是各大洲航线上的必经之路，通过各种方式与其他大洲联系着。许多国际海底电缆均通过这里，海洋航运成为国与国、岛与岛相互交往的重要手段。陆上交通主要有铁路和公路。至于航空方面，有专门航线直达各国的主要城市。如今，大洋洲已成为亚洲、非洲，与南、北美洲之间船舶、飞机往来所需淡水、燃料和食物的必不可少的供应站。

太平洋战争历史公园

干热、温湿

瑟芬岛

大洋洲的大部分地区都位于南、北回归线之间，因此其绝大部分地区属热带和亚热带，大洋洲的大陆地区降水量较少，常年又干又热。相对于大陆的干燥气候来说，岛屿上的气候则好得多，温度稍低，降水量丰富。

喷水海岸

大洋洲之最

DAYANGZHOU ZHI ZUI

前 面几个大洲都有属于自己的顶级"明星"，大洋洲自然不甘人后。看完下面的讲解，你肯定会为这些"明星"的魅力所倾倒。

最美的珊瑚海

在南太平洋海域，澳大利亚东北和新几内亚、所罗门群岛、新喀里多尼亚岛和新赫布里底群岛等之间的地方，你会发现一片美丽的大海，它有一个好听的名字——珊瑚海。顾名思义，这片海里长有很多珊瑚礁，最有名气的叫大堡礁。珊瑚海大部分地方水深不到70米，但有的地方很深，比如位于新不列颠岛西侧的一个海沟，最深达9174米。

珊瑚海的性格不太好，尤其是1~4月，在旋风的影响下，它最爱发脾气了，海面上常常巨浪滔天。所以在这个时间段，你最好还是别去造访它了。

🏠 最大的珊瑚礁群

　　大堡礁是珊瑚礁群，在澳大利亚的东北岸附近，长约2000千米，最宽处约240千米，最窄处仅19.2千米，面积达 20.7万平方千米，包括近千个岛礁和浅滩，不少岛屿上有茂密的棕榈树和椰子树。

　　大堡礁虽然美丽无双，但有时不太友好，杀机重重，堪称船舶的克星。因为它与澳大利亚海岸相隔16～160千米，水深仅35～70米，船舶经过此地时，只能沿着几条弯曲而危险的通道航行。

大堡礁

🏠 最独特的哺乳动物

　　哺乳动物大多都是胎生的，只有鸭嘴兽除外，它们像鸟一样，是卵生的。鸭嘴兽是大洋洲的特有物种，是现存的最原始的哺乳动物之一。它们穿着柔软、褐色的短毛外衣，嘴、脚和我们家里的鸭子差不多。不同的是它们的嘴上面布满了神经，像雷达一样，能够感应到其他动物发出的电波，便于其捕食；它们的四肢很短，趾间有一层肉蹼；身体像河狸；尾大而扁平，在水里游泳时起着舵的作用。雄性鸭嘴兽踝部有一根空心的刺，在与敌人对战的时候，它们会把刺戳向对方并放出毒液。其放出的毒素可以引起炎症、神经损伤、肌肉收缩和血液凝固等症状，严重的会致人死亡。

鸭嘴兽的脚

鸭嘴兽

袋鼠

我独占一块大陆——澳大利亚

WO DU ZHAN YIKUAI DALU——AODALIYA

在地球上，通常一块大陆会被几个甚至几十个国家分割，但也有特殊情况，比如澳大利亚。澳大利亚位于南太平洋和印度洋之间，四面被海包围着，它就独自占着一块大陆。

走进澳大利亚

澳大利亚位于南半球东部，包括澳大利亚大陆及塔斯马尼亚等岛，面积为769.2万平方千米。首都是堪培拉。

境内的西部是海拔比较低的高原，多沙漠和半沙漠；中部是平原，内部有著名的大自流盆地；东南部有高山。这里大部分是热带气候，一年到头都干燥炎热。

堪培拉

树袋熊

"原住居民"和"外来人口"

澳大利亚有很多著名的动物，如树袋熊、鸸鹋、鸭嘴兽等。其中，袋鼠算得上是名气较大的"原住居民"了，它们个儿顶个儿是跳远高手。

澳大利亚还有叫人头疼的"外来人口"，那就是兔子，它们最初是被当作食物送到当地的。由于澳大利亚地广人稀，所以它们飞快繁殖，继而破坏植被，致使水土流失，当地人只好想尽各种办法来减少它们的数量。

🏛 自然气候

　　澳大利亚地处南半球，与中国的四季完全相反。澳大利亚北部属于热带草原气候，东部新英格兰山地以南属于温带气候。内陆是荒无人烟的沙漠，干旱少雨，气温高，温差大；沿海地区，气候十分湿润，雨量也十分充沛，呈明显的海洋性气候。

墨尔本大洋路

珊瑚

🏛 大堡礁

　　大堡礁最大的特点就是珊瑚众多，而且品种也非常繁多。光活的珊瑚就有400余种，颜色从一般的蓝色、棕色到错综复杂、难以置信的粉红及紫色，大碉礁简直是个五彩斑斓的神奇世界。在那里可乘坐轮船到翡翠岛进行浮潜、深潜等项目，也可以坐半潜水船和玻璃船欣赏珊瑚、水母及小鱼。大碉礁的景色绮丽，令人流连忘返。

悉尼歌剧院

🏛 悉尼歌剧院

　　悉尼歌剧院坐落在澳大利亚悉尼市，它不仅是悉尼市的标志性建筑，也是世界著名的艺术表演中心。这里经常举办交响乐、歌剧、舞蹈、合唱、爵士乐等多种多样的艺术表演。它就像一艘扬帆的船，承载着音乐人的梦想，驶向蔚蓝的海洋。

"珍珠"撒满南太平洋

"ZHENZHU" SAMAN NAN TAIPINGYANG

南太平洋有很多大大小小的岛屿，这些岛屿犹如一颗颗散落在海面上的珍珠。现在我们不妨了解一下这些"珍珠"，感受它们独特的魅力。

汤加面包果

斐济带纹鬣蜥

南太平洋的座头鲸

汤加

　　汤加王国位于太平洋西南部赤道附近，由173个岛屿组成，陆地面积约747平方千米。首都是努库阿洛法。

　　汤加王国是个以农业为主的国家，主要出口椰子、香蕉、菠萝等热带水果，种植檞、甘薯等，同时还饲养牛、羊、猪、马等。这个岛国所产的粮食不能自给自足，主要靠进口。即便如此，这个国家也少有挨饿的人，因为大自然中有很多东西可供食用，比如面包果、西米树等。

密克罗尼西亚人

🏠 天堂岛——瑙鲁

瑙鲁是太平洋西部的一个岛国，有"天堂岛"之称，面积仅有24平方千米。本地居民体格魁梧，头发漆黑，皮肤为棕色。

瑙鲁没有正式的首都，没有正式的政党，没有军队，没有电视台，没有报刊，没有河流，唯一一个湖泊也是咸水湖，居民饮用的淡水需要进口。看到这里，你也许会认为这里很穷，事实恰恰相反。数万年来，无数海鸟来到这个小岛上栖息，留下了大量的鸟粪，慢慢地，鸟粪变成了厚厚的优质肥料，即磷酸盐矿。瑙鲁人靠磷酸盐矿成了富翁。但现在因长期密集开采，该矿藏已面临枯竭。

瑙鲁鸟瞰

🏠 斐济——拥有彩色的海

斐济在太平洋西南部的斐济群岛上，由332个岛礁组成，其中多为珊瑚礁环绕的火山岛，所以真正有人居住的岛屿只有106个。首都是苏瓦。斐济的大海是彩色的，因为海水里有无数奇形怪状、色彩斑斓的鱼游来游去。

在斐济的村庄里，除了村长，其他人是没有资格戴帽子的，人们也不能乱摸别人的头。另外，男人们可以戴花，也可以穿裙子。

斐济海滩

比画还美的国家——新西兰

如果你看过电影《魔戒》，一定会被里面比画还美的中土世界迷住，尤其是矮人族霍比特人的家园，更是美丽无比。你知道吗？这部电影就是在新西兰拍摄的。

冰川公园

走进新西兰

新西兰是太平洋西南部的一个岛国，隔塔斯曼海同澳大利亚相望，面积约有27万平方千米，由南岛、北岛及附近的一些小岛组成。首都是惠灵顿。

南岛临近南极洲，北岛与斐济及汤加相望。北岛多火山和温泉，南岛多冰河与湖泊。北岛有鲁阿佩胡火山，以及新西兰最大的湖泊陶波湖。

啄羊鹦鹉

旅游胜地

新西兰是人们旅游观光的最佳选择之一。首先，这里气候宜人，夏季平均气温约20℃，冬季约10℃，全年温差一般不超过15℃；其次，这里森林资源丰富，被称为"绿色王国"，地表形态千变万化，拥有一望无垠的天然牧场，还有许多独特的动植物。

🏠 毛利人和哈卡舞

　　毛利人属于波利尼西亚人的一部分，是新西兰的土著民族，有自己独特的民族文化。毛利人盛行文身，他们还擅长雕刻和编织，雕刻包括木雕和石雕，被认为是毛利艺术的精髓，无论是头像还是飞禽走兽，都栩栩如生。

　　哈卡舞是当地一种独特的舞蹈，起源于古老毛利武士的战舞，舞者男女都可，但是男女舞蹈的具表演方式又有所不同，男人一般负责表演，女人一般负责助音。哈卡舞跳起来十分有气势，在欢迎外国友人、各部落之间相聚及其他一些特殊或者重要的场合，人们都会看到哈卡舞。

毛利人雕塑

🏠 鸟的天堂

几维鸟

　　新西兰是鸟的天堂。这里汇集了众多珍贵鸟类，如几维鸟、垂耳鸦、威卡秧鸡、啄羊鹦鹉等。几维鸟是新西兰的国鸟，又叫奇异鸟。它们胆小谨慎，容易被吓到；个头不大，形状有点儿像大鸭梨；翅膀已经退化了，无法飞翔；腿粗壮有力，善于奔跑。与几维鸟相比，啄羊鹦鹉的胆子很大，也很贪婪，它们经常扑到羊群的身上，啄食羊肉。不过有人说大家冤枉了它们，这些鸟是奔着羊身上的寄生虫去的。

奥克兰

牧场

🏠 皇后镇

　　皇后镇紧依瓦卡蒂普湖，同时又紧靠南阿尔卑斯山，这里曾以淘金闻名于世，现在则是新西兰的旅游胜地。皇后镇旅游设施完备，交通方便，是钓鱼、滑水、泛舟的好地方；这里还有出售各种精美工艺品和首饰的商店；特色美食有烧羊肉和酥皮卷。

新西兰港口

奥克兰的傍晚

皇后镇

🏠 啤酒消费惊人

　　新西兰人特别喜欢喝酒，不过酒水的销售却受到严格的控制，大多数餐馆只能提供葡萄酒。就算是那些"特许出售一切酒类"的餐馆可以提供烈性酒，顾客也必须要点一份正餐，因为只有这样，才能把一杯鸡尾酒端上桌。尽管如此，新西兰的啤酒消费量仍然非常惊人。仅仅西港的一个小镇，就曾在1.6千米长的路段上开设了82家酒家。

Chapter 6

第六章

冰冷的南极洲

走进南极洲

ZOUJIN NANJIZHOU

南极洲也叫"第七大陆"，是人类最后到达的大陆。那里白雪皑皑，冰封千里，洁白而纯净。可是，除非你是企鹅，否则你绝不会想在那里久留。事实上，南极洲也没那么好客。

南极洲在哪儿

南极洲孤单地待在地球最南端，四周被太平洋、印度洋和大西洋包围，土地几乎都在南极圈内，边缘有罗斯海、阿蒙森海和威德尔海等，包括大陆、陆缘冰（指位于南极大陆边缘、与大陆相连的浮动冰层）和岛屿。它总面积约为1405.1万平方千米，约占世界陆地总面积的9.4%，在七大洲中排名第五。

南极洲非常好找，一路向南就能到达它的地盘。但是想顺利地到达那里就不是那么简单的事了。

看上去很美

喜欢白色的朋友一定会对南极情有独钟，因为那里的大陆几乎全被冰川覆盖，冰川总面积约有1239.3万平方千米，占全球现代冰被面积的80%以上。冰层平均厚1880米，最厚处可达4000米以上。大陆冰川从中央延伸到海上，形成巨大的冰障，周围海上漂浮着冰山。陆缘冰面积约158.2万平方千米，整个大陆只有约2%的地方无长年冰雪覆盖，可怜的动植物们大多聚集在那里。

南极考察队

气候实在糟糕

南极洲的气候可以用3个词概括：酷寒、狂风和干燥。那里暖季（11月～次年3月）沿岸平均温度很少超过0℃，内陆为–20℃～–35℃；寒季（4～10月）沿岸为–20℃～–30℃，内陆为–40℃～–70℃；极点附近还曾达–94.5℃（1967年）。那里的风速一般为每秒17～18米，最大达每秒75米以上，是世界上风暴最多、风力最大的陆地。南极洲还很干燥，几乎所有降水都来自雪和冰雹。

南极洲挺孤单

南极洲是一个孤单的大洲，冰雪是它的主要伙伴。由于环境恶劣，植物在那里很难生长，只有个别地区生长着一些苔藓、藻类等。动物种类也不多，在海岸和岛屿附近可以看到一些鸟类和海兽。不过，南极洲的矿产很丰富，主要分布在南极半岛和沿海岛屿地区。

企鹅

浮冰

南极洲之最

NANJIZHOU ZHI ZUI

南极洲是七大洲中的小家伙，说起它的顶级风采，很多人都抓着天气最冷、风最大等不放。其实除了气候，它也有很多让其他洲难以企及的地方。

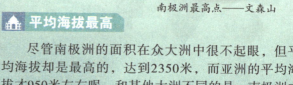

极光

南极洲最高点——文森山

中国南极考察站

平均海拔最高

尽管南极洲的面积在众大洲中很不起眼，但平均海拔却是最高的，达到2350米，而亚洲的平均海拔才950米左右呢。和其他大洲不同的是，南极洲之所以能成为高个子，辽阔而厚实的冰雪功不可没。

最晚被发现的大陆

因为南极洲的地理位置太偏远，周围被三大洋围绕，远离人类，而且气候和环境十分恶劣，所以是最晚被发现的大陆。那么谁是最早发现南极洲的人呢？多数组织记载，人类最早发现南极洲的时间可狭义认定为1820年。俄罗斯帝国海军舰长法

破冰船

比安·戈特利布·冯·别林斯高晋在1820年1月27日发现这块白雪皑皑的大陆。首位证实踏上南极洲的则是美国海豹捕猎人约翰·戴维斯。不过上面两个论断都存在争议。

你知道吗

南极洲曾经非常炎热，它曾坐落在赤道附近。这里以前没有水，而是被茂密的热带雨林覆盖着，恐龙等史前爬行动物曾穿梭其中。那时候，它和大洋洲、南美洲等还是一家子，它们紧紧靠在一起。后来它们分开了，南极洲就这样一步步朝南漂去，越来越冷。

最洁净的大陆

南极洲这个人类最少踏入的大陆，千百年来一直保持着原生态——洁白无瑕，是最纯粹的野生公园和最干净的大陆。这里的人类仅限于少数的科学考察员和旅游者，更谈不上工业污染了，所以南极洲成了最洁净的大陆。

臭氧耗损最为厉害

虽然南极洲是人类现身最少的洁净之地，但是它却是臭氧耗损最为严重的地方！早在1985年，英国科学家就已经在南极洲的上空发现了臭氧空洞，而且臭氧空洞还在持续扩大。我们知道，大气的臭氧层可是地球的天然保护伞，没有它，地球会受到严重的破坏，所以我们要好好地爱护环境，爱护南极洲。

南极洲的居民

NANJIZHOU DE JUMIN

说到南极洲，首先映入人们脑海的便是那水天一色的白，白得耀眼，白得透彻，现在我们不说它的冰，不说它的雪，只说说那里最有名气的居民……

🏛 海豹

海豹是一种讨人喜欢的动物，海豹的家族也很庞大。我们在这里谈谈海豹之王——象海豹。它们体形巨大，最大的体长达6.5米，站起来大约有两层楼那么高，体重可达3吨。它们的鼻子能够伸缩，在高兴或生气的时候会膨胀，发出响亮的声音，像大象在打响鼻一样，所以叫象海豹。可是由于人类的大量捕杀，象海豹的数量已经越来越少了。

海豹

小鳁鲸

🏛 企鹅

企鹅

南极洲的海岸上经常有一种可以直立行走的动物在岸边伫立远眺，似乎在企盼着什么，这就是可爱的企鹅。世界现存的企鹅有近20种呢，其中最大的一种是帝企鹅，它们若站立起来，可达1～1.3米。

🏛 磷虾

南极洲的海洋里也生活着众多居民，如磷虾。磷虾待在厚厚的冰层下，吃从冰层上刮下来的海藻。为了减少能量的消耗，它们收缩身体，把自己恢复到幼年时期的样子。待到浮藻开始大量生长的时候，磷虾离开慢慢融化变小的冰块，成群结队地吞吃新生的食物。

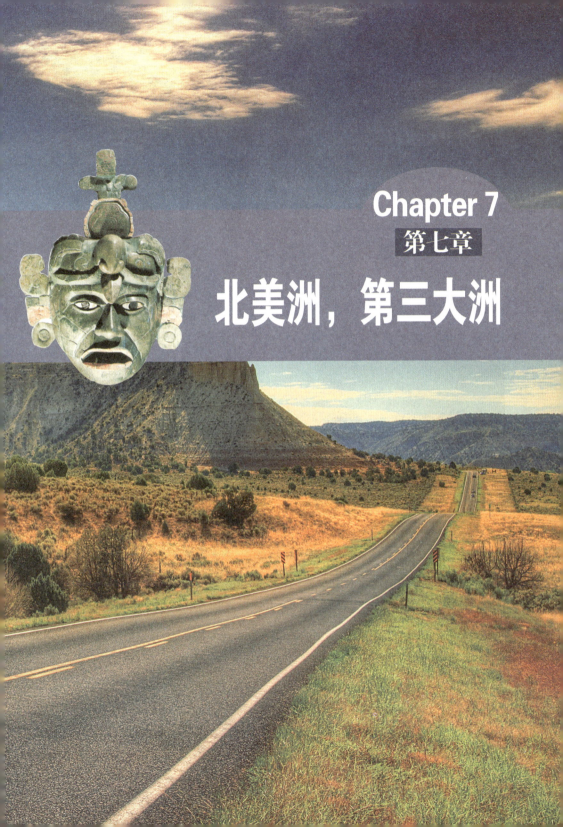

Chapter 7
第七章

北美洲，第三大洲

伯利兹蓝洞

走进北美洲

ZOUJIN BEIMEIZHOU

北美洲是世界第三大洲，这里有世界
上最先进的科学技术，有绚丽多姿
的文化，也有众多山水名胜。我们先了解
一下北美洲的基本特征吧。

海狗

多米尼加小岛

地理位置

　　北美洲位于西半球北部，东临大西洋，
西濒太平洋，北濒北冰洋，以巴拿马运河为
界与南美洲相分，面积约有2422.8万平方千
米，占世界陆地面积的16.2%。全洲地形明显
分为3个区：东部为阿巴拉契亚高地（大西洋
沿岸有海岸平原）；中部是劳伦琴低高原和
世界著名的大平原；西部是科迪勒拉山系。

多样的气候

　　北美洲地跨热带、温带、寒带，气候类型较
多。太平洋海岸山脉西侧多雨、湿润，西部广
大的山间高原和山地为半干旱气候，东部地区
降水由沿海向内陆逐渐减少；中部平原没有东
西向的山脉，冬季寒潮可长驱南下，夏季热
浪可自由北上，飓风也可席卷大片地区。

美国内华达州"飞翔间歇泉"

🏠 交通发达

在北美洲，出行非常方便，不论你想走公路、坐火车、乘船还是乘飞机，都有完善的交通设施满足你。如果人们有大量的商品要运输，那就得靠海运，重要的国际性海港有纽约、费城、洛杉矶、蒙特利尔等。北美洲的航空业很先进，纽约、奥克兰、休斯敦、洛杉矶、温哥华、多伦多、渥太华、墨西哥城、芝加哥都有国际航空中心。此外，加拿大中部地区的夏季河运、冬季雪橇运输也很重要。北部沿海地区以雪橇运输为主。

北美洲的因纽特人

🏠 自然资源

北美洲的自然资源丰富，矿物资源主要有石油、天然气、煤炭、铁、铜、镍、铀、铅、锌等。森林和草原资源也很丰富，森林面积约占世界森林总面积的18%，主要分布在西部山地。草原面积占全洲面积的14.5%，约占世界草原面积的11%。此外，水力资源和渔业也有很大的开发潜能，等待人们的进一步探掘。

麝牛

拉布拉多高原

美国的谢尔曼将军树是世界上体积最大的树

115

北美洲之最

BEIMEIZHOU ZHI ZUI

密西西比河鲤鱼泛滥

我是北美洲，我地大物博，要说我这里的地理之最，那真是三天三夜也说不完，不过我可以像前面其他几个大洲那样，把最有趣、最有名的告诉你们。

美国死谷

北美洲最低的地方

死谷又叫死亡谷，是北美洲陆地乃至整个美洲大地的最低点，位于美国内华达山脉东侧，是一个狭长的谷地，低于海平面面积达1400多平方千米，最低处低于海平面86米。这里大部分地方都是沙漠，很少下雨，干燥炎热，夏天最高温度曾经达到57℃。据说1949年，美国一支寻找金矿的探险队来到了这里，却再也没有走出去。奇怪的是，这里却是很多动物的天堂。

美国死谷

北美"众水之父"

密西西比河的印第安语意思为"众水之父"，长达6262千米，是世界四大长河之一，流域面积为322万平方千米，占美国领土面积的1/3左右。这条河很幸福，不仅有大大小小的支流来增加它的声势，它流域内的降水量也非常大，所以它被称为"众水之父"是名副其实的。

密西西比河畔的圣路易斯拱门

尼亚加拉瀑布

最大的淡水水域

五大湖是位于加拿大与美国交界处的五个大型淡水湖泊，面积从大到小依次为：苏必利尔湖、休伦湖、密歇根湖、伊利湖和安大略湖。除密歇根湖属于美国之外，其他四湖均为加拿大和美国共有。这五个湖泊所组成的五大湖成为世界上最大的淡水水域，面积约为24.5万平方千米，有"北美洲地中海"的美名。其中，苏必利尔湖是世界第一大淡水湖，面积约为8.21万平方千米。

苏必利尔湖

北美最高峰

麦金利山是北美洲的最高峰，位于美国阿拉斯加州南部、阿拉斯加山脉中段，海拔6193米，山中有很多冰山，还有南、北二峰，南峰更高一些，而且非常陡峭。现在，麦金利山已经成为美国的一个国家公园和保护区。

密西西比河鸟瞰

麦金利山

·千奇百怪·

美国南佛罗里达州有一只"双面猫"，一半脸是深黑色的，另一半脸是浅橙色的。

美国得克萨斯州一只名叫"德弗林"的爱尔兰猎狼犬战胜诸多对手，成为一名"狗狗市长"。

枫叶之国——加拿大

加拿大是名副其实的"枫叶之国",除了枫树种类繁多以外,就连国旗的中央也是一片11个角的红色枫叶,是不是很特别呢?现在就让我们一起走进这个多姿多彩的美丽国度吧!

冰旅馆

领土面积第二大

"加拿大"一词源于美洲原住民用语,本义是"村庄"。这个巨大的"村庄"位于北美洲北部,北临北冰洋,东临大西洋,西临太平洋,西北部与美国的阿拉斯加州相邻,东北部与格陵兰隔巴芬湾遥遥相望,面积有998万平方千米,是世界上领土面积第二大的国家。首都是渥太华。

加拿大境内多为高原和平原,大部分地区冬季非常寒冷,而夏季也比较凉爽,属于寒带苔原气候和亚寒带针叶林气候。该国国土面积辽阔,但人口却很少。

加拿大盛行冰球比赛

因纽特人

玛琳湖

有一群因纽特人生活在加拿大西北边界,他们是本地的土著民族之一,靠猎取海象、海豹、鲸和捕捞各种鱼类为生,住在用石头砌成的屋子里。加拿大北极地区自然条件恶劣,曾经有一段时间,因纽特人受雇建设军事基地和雷达站。工程结束后,没有技术特长的因纽特人便失去了生活来源,只能依靠政府救济维持生活,后来情况慢慢好转,越来越多的因纽特人能够找到工作养活自己。

名城温哥华

温哥华是加拿大的著名城市，位于加拿大不列颠哥伦比亚省西南部，是加拿大仅次于多伦多、蒙特利尔的第三大城市。它给人印象最深的是在冰川覆盖的山脚下有众岛点缀的海湾，绿树成荫，风景如画。它也是北美洲继洛杉矶和纽约后第三大制片中心，更有"北方好莱坞"之称。加拿大的城市给人的印象大多是空旷寒冷，但温哥华绝对例外。北太平洋的暖湿气流使这座城市温暖舒适，即使是在冬季，气温一般也保持在0℃以上。

温哥华夜景

"严寒之都"渥太华

渥太华是加拿大首都和政治、文化中心，全国第四大城市。这座城市位于安大略省东南部，渥太华河下游南岸。这里气候寒冷多雪，1月份夜间的平均气温为-25℃，最低气温曾达-36℃，是世界上最寒冷的首都之一。但是春天一来，这里就会开满郁金香，因此渥太华又有"郁金香城"的美誉。这座城市独特的文化氛围、优美的城市风光、闲适的生活情趣吸引着世界各国的人们。

渥太华国会大厦

"山姆大叔"——美国

"SHANMU DASHU"——MEIGUO

在遥远的北美洲，有一个被称为"山姆大叔"的国家。它是一个综合发展的国家，无论是经济、政治，还是军事，在世界上都处于领先水平，让我们一起认识一下它吧。

地理特征

美国全称"美利坚合众国"，位于北美洲南部，北接加拿大，南邻墨西哥，东面靠近大西洋及墨西哥湾，西面靠近太平洋，面积达937万平方千米，由50个州、一个哥伦比亚特区和阿拉斯加、夏威夷两个海外州组成，人口3亿多，其中白种人居多。西部多为山地，中部多为平原，东部多为高地，大部分地区属于温带大陆性气候，自然资源丰富多样，草原、森林、煤、石油、天然气等储量均居世界前列。

自由女神像

美国纽约港入口处耸立着一座46米高的自由女神像，它是纽约乃至美国的象征。女神身披宽松的长袍，头戴漂亮的花冠，双唇紧闭，一手高举火炬，另一只手拿着《独立宣言》，脚下是打碎的铁链，象征着挣脱了暴政。

自由女神像

🏠 首都华盛顿

　　美国的首都是华盛顿，全称是华
盛顿哥伦比亚特区。华盛顿是美国的
政治中心，国会、白宫、最高法院都
设在这里，市中心遍布政府机构，
建筑风格多为气势恢宏的古希腊
神殿式。因为华盛顿是政府机
构特区，所以整座城市并不吵
闹，适合步行旅游。

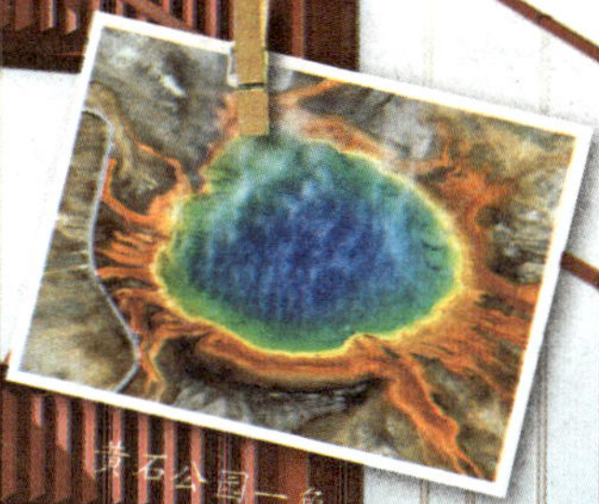

黄石公园一角

拱门公园

金门大桥

纽约夜景

🏠 世界强国

　　美国一向重视科学
技术研究，并在此领域
遥遥领先。美国的教育
水平很发达，汇集了世
界上最多的顶级高校，
如哈佛大学、麻省理工
学院等。

　　美国的文化具有世
界级影响，如音乐和影
视，总是引领着世界潮
流。美国会定期举行音
乐及电影颁奖盛典，世
界各地的艺人都以获奖
为殊荣。

121

"世界影都"——好莱坞

　　提起好莱坞，人们脑海里就会闪现出各种美国大片。好莱坞是世界著名影城，位于洛杉矶。在很早的时候，好莱坞其实只是一个荒凉的小村子，后来，一位开发者的妻子给其取名为"好莱坞"，意思是"常青树林"。1911年，好莱坞建立了第一个电影工作室，从此之后，好莱坞就逐渐发展成为举世闻名的电影中心，成了名副其实的"世界影都"。

感恩节

　　每年11月的第四个星期四是美国的感恩节。感恩节是美国人民的一个古老的节日，每逢这一天，美国举国上下都按照习俗前往教堂作感恩祈祷，大街上到处都有化装游行、戏剧表演和体育比赛等。分别的一家人也团聚在一起，品尝美味的感恩节大餐。

感恩节大餐

迪斯尼乐园城堡

🏠 迪斯尼乐园

迪斯尼乐园是孩子们的快乐天堂。位于洛杉矶的迪斯尼乐园是世界上最大的综合游乐场，里面的游戏、活动不仅生动有趣，更集无穷知识于一体。它也是世界上构思最精巧的游乐公园之一。园内有"未来世界""小小世界""幻想世界""鬼魂世界"等6个主要游览区，并且在不断更新。大人和孩子一样也非常喜爱这个乐园，其每年吸引几百万名游客来到这里。

迪斯尼乐园

美国西部牛仔

🏛 总统山

总统山全名拉什莫尔山国家纪念公园，俗称美国总统公园、美国总统山等。拉什莫尔山上有四座高达60英尺的美国前总统头像，他们分别是乔治·华盛顿、托马斯·杰斐逊、西奥多·罗斯福和亚伯拉罕·林肯。这一闻名于世的艺术巨作是由美国艺术家格曾·鲍格勒姆创作的。这些雕刻的头像和整个山峰浑然一体，雄伟壮观，生动地反映出4位伟人的面貌特征，给人一种肃然起敬之感。

总统山

123

世界甘蔗园——古巴

SHIJIE GANZHE YUAN ——GUBA

在遥远的美洲，有一个群岛国家，在那里你可以品尝到世界上最好的甘蔗，可以欣赏有"天堂之门"美称的椰岛，可以体验独特的风土人情，它便是古巴——美洲唯一的社会主义国家。这里白人最多，黑人、混血人种、华人也不少。

走进古巴

古巴共和国简称古巴，意为"肥沃之地""好地方"。它在美国佛罗里达州以南、墨西哥以东、牙买加和开曼群岛以北，由古巴岛、青年岛和附属群岛组成，面积有11.09万平方千米。大部分地区地势平坦，山地占国土的1/4。

因为处于热带，所以这里的气候比较炎热。

哈瓦那一角

古巴鳄

"加勒比海明珠"

古巴的首都是哈瓦那，扼守着墨西哥湾通往大西洋的大门，与美国佛罗里达半岛隔海相望，是古巴和加勒比海国家里最大的城市和著名良港。哈瓦那是一座拥有数百年历史的城市，气候温和，风光秀丽，素有"加勒比海明珠"之称。

何塞·马蒂纪念塔

比尼亚莱斯山谷

比尼亚莱斯山谷的农田

比尼亚莱斯山谷是一个美丽的自然风景区，山谷中有很多优美的建筑，这些建筑有着红色的屋顶、带圆柱的拱廊以及装饰着彩色斑点的玻璃窗。这个山谷非常神奇，有许多巨大的溶洞，最大的长达45千米。此外，考古学家还在这里发现了大量恐龙、猿猴和海龟的化石。

"天堂之门"

椰岛是古巴的一个美丽的岛屿，有"天堂之门"的美称，它与海盗的关系十分紧密。原来，该岛有众多悬崖峭壁，湖泊丛林密布，而且十分荒芜，长期无人居住，所以就成了海盗藏宝的理想场所。很久以前，凶恶的海盗们经常把从西班牙王室船队上抢来的珠宝藏在这个荒岛的丛林之中。

蔗糖美名扬

古巴是甘蔗大国，蔗糖美名扬天下，出口量在世界上名列前茅。在古巴，大多一半的耕地都用来种植甘蔗，生产和销售蔗糖自然成了国民的主要收入来源。为什么古巴的甘蔗生长得那么旺盛？原来古巴地处回归线附近，属于热带气候，终年炎热，温差不大，这样的气候条件适合甘蔗生长，利于糖分积累。

甘蔗

"林水之乡"——牙买加

"LINSHUI ZHI XIANG"—YAMAIJIA

还记得2008年北京奥运会的田径赛场上，那个速度像箭一般的飞人博尔特吗？现在，就让我们追随飞人的脚步，去见识一下他的故乡牙买加吧。

走进牙买加

牙买加位于加勒比海北部，离古巴、海地比较近，面积约有10991平方千米。沿海地区多为冲积平原，东部以山地为主，中西部以丘陵和石灰岩高原为主。受水流冲蚀的影响，当地的岩溶地貌较多，气候炎热，夏秋季节常受飓风侵袭。

牙买加的首都是金斯敦。牙买加早期的原住民多是印第安人，现在牙买加人中，黑人和黑白混血种人占绝大多数，其余为印度人、白人和华人。

为什么叫"林水之乡"

"林水之乡"这一名称实际上来源于印第安语。这个名字因何而来呢？原来这里景色优美，周围环绕着蔚蓝的大海，坐拥绵延不绝的山脉，许多河流弯弯曲曲，环绕在山脚下，大大小小的瀑布悬挂在山崖间，还有许多温泉，的确是林和水组成的世界，"林水之乡"这个美名也就应运而生了。

🏠 飞人之国

　　牙买加是个特别热衷体育的国家，板球、足球、田径和赛马等都是当地特别受欢迎的运动项目。其中最值得一说的便是田径。在金斯敦的每个周末，体育场里都挤得水泄不通，因为这里每周都进行高中短跑比赛。由于短跑运动普及率高，很多学校都开设了相关课程。这里还有很多先进的短跑俱乐部。在这些条件下，短跑名将相继诞生，所以我们称牙买加为"飞人之国"一点儿都不为过。

长尾蜂鸟

牙买加锥尾鹦鹉

🏠 风俗

　　牙买加是个拥有多元文化的美丽岛国，这里融合了非洲的异域色彩，西班牙的华丽，印度及中国的神秘，营造了独一无二、热情洋溢、无与伦比的牙买加风情。

　　牙买加的村落经常会提供一个广场来供大家娱乐，这个广场一般在村子的中心，附近设施都很完善，有村政府、商店、长途汽车站等。当地的建筑风格与欧洲相似，居民喜欢穿衬衫、短裤，妇女平时多穿裙子。

仙人掌之国——墨西哥

XIANRENZHANG ZHI GUO——MOXIGE

墨西哥地处拉丁美洲，有着璀璨的历史文化，如奥尔梅克文化、玛雅文化和托尔特克文化等，为人类的发展做出了卓越的贡献。

"陆上桥梁"和"高原明珠"

墨西哥的面积为196.44万平方千米，北邻美国，东南接危地马拉和伯利兹，东濒墨西哥湾和加勒比海，西临太平洋。墨西哥地处北美洲西南部和拉丁美洲西北端，是南美洲和北美洲的陆路交通的必经之地，因此有"陆上桥梁"之称。墨西哥多为高原地形，且属于热带草原气候，四季植物常青，故享有"高原明珠"之称。

用途多多的仙人掌

墨西哥是个名副其实的"仙人掌之国"。在世界上已知的数千个仙人掌品种中，墨西哥占有一半以上，更重要的是，其中的200多个品种只有墨西哥才有。仙人掌在墨西哥的用处可大了：在干旱地区种植，不仅可以绿化土地，还可以增加农民收入；仙人掌长有锋利的硬刺，在院子里成行地种植就会形成一道天然的安全屏障，不仅防盗，还能防兽；有些仙人掌的叶片还可以拿来吃，果实也可以当水果食用。

仙人掌花

Chapter 8

第八章

热情奔放的南美洲

走进南美洲

ZOUJIN NANMEIZHOU

南美洲位于西半球的南部，这里有热情好客的居民，有一眼望不到边的平原，有气势磅礴的瀑布，有色泽艳丽的绿宝石……这里的精彩，真是三天三夜也说不完。

🏠 第四大洲

　　南美洲位于西半球，巴拿马运河是它与北美洲的分界线，东临大西洋，西濒太平洋，北临加勒比海，与南极洲隔德雷克海峡相望。南美洲有哥伦比亚、委内瑞拉、圭亚那、阿根廷、苏里南、厄瓜多尔、秘鲁、巴西、玻利维亚、智利、巴拉圭、乌拉圭等12个国家和法属圭亚那等地区，总面积约有1800万平方千米，占世界陆地面积的12%，在七大洲中居第四位。南美洲西部有巍峨的安第斯山，东部有一些古老的高原和低矮的平原，北部和中部有奥里诺科河、亚马逊河、巴拉那河三大水系。

王莲

🏠 温暖湿润

　　南美洲的大部分地区属于热带雨林气候和热带草原气候，温暖湿润，平均气温超过20℃，冬季最冷月的平均气温也都在0℃以上，大部分地区夏季最热月平均气温在27℃左右；气温的年较差较小，一年的温度变化情况不大；降水充沛，年降水量在1000毫米以上的地区占全洲面积的70%以上，因此南美洲沙漠地区较少。

蜥蜴

火山与地震

南美洲是世界上火山较多、地震频繁且强烈的一个洲。科迪勒拉山系是环太平洋火山地震带的主要组成部分，安第斯山脉北段有16座活火山，南段有30多座活火山。尤耶亚科火山海拔约6723米，是世界上海拔较高的活火山。地震则以太平洋沿岸地区最为频繁。火山和地震造成人类严重伤亡和财物大量损失，给当地的经济发展带来了很大的影响。

巴拿马运河

种植业发达

南美洲有广大的冲积平原，再加上降水量丰富且荒漠地区较少，因此当地的农业比较发达，以种植业为主。种植业中经济作物占据绝对优势。农业在南美洲各国经济中具有重要意义。产量最大的是玉米，此外，这里还是可可、向日葵、菠萝、马铃薯、木薯、巴西橡胶树、金鸡纳树、番茄、巴拉圭茶、辣椒等的原产地。南美洲大部分国家中的多数人都从事农业生产，但粮食生产仍不能自给自足，很多国家需进口粮食。

巴西利亚教堂

火地岛

南美洲之最

NANMEIZHOU ZHI ZUI

我 是南美洲，和北美洲是最亲密的兄弟。人们常常把我俩合在一起叫美洲。上一章，北美洲作了淋漓尽致的自我介绍，真棒！不过我也不比它差，我也有高山、大河、肥沃的平原……顶级的地貌和水域一样不少。

最长的山脉

安第斯山脉宛若巨龙，雄踞在南美洲大陆上，山势雄伟，绚丽多姿，是世界上最壮观的自然景观之一。它全长8900千米左右，是世界上最长的山脉，许多山峰在6000米以上，因此有"南美洲脊梁"之称。

安第斯山脉间有许多高原和谷地。由于海拔较高，山顶终年积雪。有关报道称，近些年来，在全球变暖的影响下，安第斯山脉上的冰川正在融化。

安第斯山脉

亚马逊食人鱼

亚马逊金刚鹦鹉

水量最大的河

在世界上，你找不出比亚马逊河水量和流域更大的河了，虽然它的长度不是第一，但也居于第二。它长6437千米，河口年平均流量达每秒22万立方米，比尼罗河、长江、密西西比河流量的总和还要大。

浩浩荡荡、千回百转的亚马逊河流经秘鲁、巴西等国，滋润着南美洲的土地，孕育了世界最大的热带雨林，使该流域成为世界上公认的"生命王国"。陆地上生活着猴子、蜂鸟、金刚鹦鹉等动物，亚马逊河河水中生活着凯门鳄、淡水龟等动物。

最大的低地平原

亚马逊平原位于南美洲的北部，位于圭亚那高原和巴西高原之间，在巴西、秘鲁、哥伦比亚和玻利维亚4国境内，面积达560万平方千米，是世界上面积最大的低地平原。亚马逊平原属于热带雨林气候，动植物种类很多，其中特有植物种类占世界植物种类的1/3，主要盛产橡胶树、巴西果等。

瓶子树

巴西高原

最大的高原

巴西高原是巴西境内的广阔高原，面积有500多万平方千米，是世界上面积最大的高原，占巴西领土面积的一半以上，大部分地区海拔为600～900米，地面起伏平缓。巴西高原北处热带，南跨亚热带，接近赤道，所以天气很热，经常下雨，以热带草原植物为主。巴西高原东部多脊状山岭或断块山，形成了大西洋沿岸大峭壁，西部是桌子状的高地。

133

坐在金矿上的国家——玻利维亚

ZUOZAI JINKUANG SHANG DE GUOJIA——BOLIWEIYA

我是一个拥有两个"首都"的国家，是一个有着美丽的"天空之镜"的国家，也是一个坐在金矿上的国家，我的名字叫玻利维亚。想了解我的风采吗？快看看下面的内容吧！

一马平川

玻利维亚是一个内陆国，与巴西、巴拉圭、阿根廷、智利和秘鲁是邻居，面积约有109.86万平方千米。境内的东部和东北部大部分地区都是亚马逊平原，中部为东科迪勒拉山脉东坡山麓带，西部是东、西科迪勒拉山脉和玻利维亚高原。东北部降水多，西部降水少。玻利维亚与秘鲁的交界线上，有个湖叫的的喀喀湖，是世界上海拔最高的淡水湖之一，在印第安语言中是"美洲豹的山崖"或"酋长的山崖"的意思。

的的喀喀湖

两个"首都"

我们知道几乎每个国家都有首都，一般来说，首都是唯一的。可是玻利维亚却不同，它有两个"首都"，一个是苏克雷，一个是拉巴斯。你一定很好奇吧，其实都是迁都惹的祸。苏克雷是玻利维亚原来的首都，后来因为政治、经济的需要，

乌尤尼盐湖

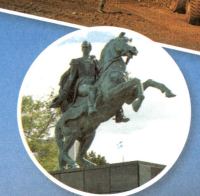

采矿

首都迁到了拉巴斯，但是有一部分人坚决反对，没办法，当地政府只好采取折中的办法，将苏克雷作为法定首都，而拉巴斯是政府所在地。

🏠 矿产资源丰富

玻利维亚并不富裕，大面积的土地受战争和恶劣的自然条件影响而荒芜，所以农业产值并不乐观，但是玻利维亚却拥有得天独厚的矿产资源，石油、锡、锑、钨、银、锌、铅、铁等矿产资源的储藏量非常丰富，被称为"坐在金矿上的国家"。它拥有南美洲第二大天然气田。

玻利维亚（曾为西班牙殖民地）解放者玻利瓦尔雕像

🏠 "天空之镜"

玻利维亚拥有世界上最大的盐沼——乌尤尼盐沼。据说，这个盐沼在数百万年前是一片汪洋大海，后来随着地壳的不断运动，逐渐形成了美丽、澄澈的天然湖泊。白天的时候，盐沼中随处可见像钻石一般闪闪发光的盐粒，运气好的话，你也许还能见到传说中的美景——天空之镜。届时，整个湖面平静得像一面大镜子，能倒映出最纯净的天色，漂亮极了！乌尤尼盐沼不仅有美丽的风光，还有许多珍稀的动植物，如千年仙人掌、稀有的蜂雀、火烈鸟等。

135

伊泰普水电站

踢足球，跳桑巴——巴西

TI ZUQIU,TIAO SANGBA——BAXI

巴西位于南美洲东部，地域辽阔，气候多样，拥有世界上最大的热带雨林，下面就让我们见识一下这个足球王国吧。

桑巴舞者

南美最大的国家

巴西是南美洲面积最大、人口最多的国家，位于南美大陆的中部和东部，东面靠近大西洋，与苏里南、法属圭亚那、委内瑞拉、哥伦比亚、秘鲁等许多国家和地区都是邻居，面积约有851.49万平方千米。首都是巴西利亚。

巴西境内的北部是亚马逊平原，终年高温多雨，是世界上最大的热带雨林区。中部和南部是巴西高原，气候炎热。东部靠近海，有狭长的平原。巴西是一个地大物博的国家：水资源丰富，拥有亚马逊河、圣弗朗西斯科河等；一半以上的国土被森林覆盖；此外，矿藏和渔业资源很丰富。

里约热内卢

南美洲第一大城

圣保罗是南美洲的第一大城市，也是巴西交通重镇，道路四通八达。

圣保罗因种植咖啡而兴起，曾是世界上最大的咖啡交易地，现在是巴西经济、文化最为发达的州，也是南美洲最富裕的城市之一，如同巴黎、纽约等城市一样，各式商品应有尽有，但贫富分化及治安等城市问题也很严重。

🏛 足球王国

　　一提起巴西，你最先想到的是足球吧？的确，巴西就是个足球王国，球王贝利、罗纳尔多、卡卡、内马尔等都是从这里走出去的。在巴西，小孩子们经常是上午上课，下午就去踢球，从街头巷尾到球场、沙滩，足球几乎深入巴西的每一个角落。一个全民踢球的国家，足球水平想不高都难，巴西的职业足球代表了世界的最高水平，自世界杯足球比赛举办以来，巴西队可是没有缺席过一届世界杯盛会。

瓶子树

三权广场

🏛 跳桑巴

　　在巴西，你常常可以看见人们如醉如痴地跳桑巴舞。桑巴舞不是起源于巴西，它真正的出生地是非洲，但是巴西人却把它发挥得淋漓尽致。桑巴舞是一种集体性的交谊舞蹈，参加者少则几十人，多则上万人。每年里约热内卢都会举行狂欢节，来自世界各地的人们聚集在此地欣赏桑巴舞和桑巴舞曲。

爱跳探戈的国家——阿根廷

AI TIAO TANGE DE GUOJIA——AGENTING

如果地球是透明的，那么在我国的部分地区就可以看见世界另一端的阿根廷。阿根廷位于南美洲的最南端，在那里，即使是夏季，人们也可以感受到来自南极洲的冷气。

基本情况

阿根廷是位于南美洲东南部的一个国家，东濒大西洋，南与南极洲隔海相望，面积约有278.04万平方千米，在世界上居第八位。首都是布宜诺斯艾利斯。当地人中，白种人最多，其余为亚非移民后裔和印第安人等。

阿根廷的地势由西向东逐渐低平，西部是以绵延起伏的安第斯山为主的山地，东部是以潘帕斯草原为主的农牧区，北部主要是格兰查科平原，南部是巴塔哥尼亚高原。

伊瓜苏瀑布

乌斯怀亚

世界之端

乌斯怀亚是火地岛最南端的小城，阿根廷人一般称它为"世界之端"，也称其为"世界尽头"。它是一座依山面海而建的小城，街道不宽，却十分干净，街边全是童话故事里白雪公主居住的可爱的小木屋，房前屋后开满了美丽的鲜花。即使是炎热的夏季，你也能真切地感受到从南极吹来的清凉的空气。迈卜路是乌斯怀亚小城的主干道，这里一边是海水，一边是沿山而建的西式小屋，而迈卜路的尽头便是闻名于世的"世界之端"博物馆，在那里你能见到展示火地岛古老历史的图片和实物。

热情的探戈

　　热情奔放、华丽高雅的阿根廷探戈起源于非洲，流行于阿根廷，被阿根廷人视为国粹。探戈是在米隆加、哈巴涅拉等多种民间舞蹈基础上演绎而成的。

　　阿根廷探戈是一种唱多于跳的艺术形式，唱的都是男性，且是独唱，偶尔会有几个滑稽剧穿插其中。也许对于外国人来说，探戈只是一种舞步，而对于阿根廷人来说，它已与生活密不可分了。

国花赛波花

探戈舞者

习俗

　　阿根廷是一个移民国家，这里大多数人是意大利人和西班牙人的后裔，所以这里的饮食文化也掺杂了欧洲西餐的成分。饮食以牛、鸡、驴肉为主，炭烧烤肉是当地的特色，其中最有名的是炭烤王中王牛排。牛排不经过腌制，只是洒上点儿盐，烤至七八成熟，表面略有点儿焦，香味便四散开来，外酥里嫩，还保留着肉汁，香嫩可口。

布宜诺斯艾利斯一角

最狭长的国家——智利

ZUI XIACHANG DE GUOJIA——ZHILI

智利位于美洲大陆的西南端，与南极洲遥遥相对。智利人以"天涯之国"自许。现在，让我们一起来了解一下这个国家吧。

地形最狭长

智利东面与阿根廷相接，西临太平洋，南与南极洲隔海相望，北与秘鲁、玻利维亚接壤，面积约有75.67万平方千米。当地人以印欧混血种人最多。首都是圣地亚哥。

国花戈比爱野百合

智利这个国家的地形又细又长，南北长约4352千米，东西宽96.8～362.3千米。因为地形狭长，智利的气候也就复杂多样，可根据北、中、南三个明显不同的地段进行划分：其中北段主要是沙漠气候；而中段是冬季多雨、夏季干燥的地中海气候；南部为多雨的温带阔叶林气候。

复活节岛

复活节岛的另一个称呼是拉帕努伊岛，整个岛呈三角形，岛上有很多死火山，土地很肥沃，悬崖陡壁也不少。使这个岛屿名扬天下的是岛上的巨型石雕。这些石雕十分高大，共同的特点是头部非常大，下巴特别突出，耳朵往下伸得很长。人们为什么要雕刻这么巨大的石像呢？近年来，很多专家都登岛考察，但谁都没得到令人满意的答案。

复活节岛的巨人石像

干旱之镇

智利北部是沙漠，是世界上最干燥的地区之一。阿塔卡马沙漠（大部分位于智利）北部的阿里卡几乎终年不下雨，但气候凉爽宜人，这也是此地受欢迎的原因。现在这里已经成了非常出名的度假胜地，每年都有很多国外游客专门赶来看这里究竟有多干燥。

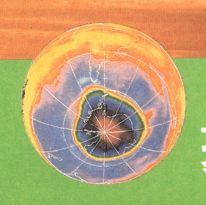

Chapter 9
第九章

聚焦四大洋

太平洋是老大

TAIPINGYANG SHI LAODA

人们一生大都生活在陆地上，对于四大洋，很多人都知道它们合起来的面积占据了地表的绝大部分，但它们大到什么程度，有哪些特色，各自的领地在哪里，大家的了解显然没有对陆地的了解多。下面咱们先瞧瞧面积最大的太平洋。

究竟有多大

太平洋是面积最大的洋。它庞大的身躯横在亚洲、大洋洲、南极洲和南、北美洲之间，在北面通过白令海峡和北冰洋相连，在西南通过澳大利亚塔斯马尼亚岛东南角的经线与印度洋划分界限，在东南通过南美洲南端合恩角的经线与大西洋划分界限。

太平洋面积约为 17968 万平方千米，占地表总面积的 35%，海洋总面积的 49.8%。它包括属海的体积约为 71441 万立方千米，不包括属海的体积约为 69618.9 万立方千米。

太平洋岛屿

深度最大

太平洋是最深的洋，平均深度 4028 米。提到最深点，不得不提马里亚纳海沟的斐查兹海渊。马里亚纳海沟的家在西太平洋马里亚纳群岛以东，是世界上最深的海沟，已经有好几千万岁了。斐查兹海渊位于马里亚纳海沟中，深 11034 米，是已知的海洋最深处，如果把珠穆朗玛峰放到里面，从海面上也看不到山顶。

🏠 岛屿最多

太平洋并不孤独，有众多岛屿与它相伴。它是岛屿最多的洋，约有1万个岛屿，总面积约为440万平方千米，约占世界岛屿总面积的45%。

🏠 非常富有

太平洋里虽然没有各路龙王，也没有水晶宝殿，但资源非常丰富。太平洋海洋渔获量占世界渔获量一半以上，西太平洋的日本海、鄂霍次克海产有美味的鲱鱼、金枪鱼、蟹等；北美洲西海岸的一些地区盛产鲑鱼。

太平洋的底部有大量的矿物资源，最有名的当属锰结核。锰结核看上去只是貌不惊人的团块，但体内含有锰、铁、镍、铜、钴、钛、钼、铝等数十种金属。锰结核以北太平洋分布面积最广，储量占太平洋总储量的一半以上。据称，这种锰结核每年都在增多。

锰结核

大西洋紧追不舍

DAXIYANG JINZHUI BUSHE

科学家发现了大西洋的一个小秘密：美洲大陆和亚洲大陆正在以每年 1～2 厘米的速度靠近。这表明了大西洋正悄悄地占领太平洋的地盘。在人类的眼中，大西洋想在面积上超越太平洋，显然要很长很长时间，但对地球来说，这点儿时间根本算不了什么。

大西洋海鹦

🏛 第二大洋

　　大西洋位于欧洲、非洲、南极洲和南、北美洲之间，通过地中海和黑海濒临亚洲。在北面以冰岛 - 法罗海槛和威维亚·汤姆孙海岭同北冰洋为界，东南以通过非洲南端厄加勒斯角的经线与印度洋分界，西南以通过南美洲南端合恩角的经线与太平洋分界。

　　大西洋的面积为 9336.3 万平方千米，约占世界海洋总面积的 25.4%。最深处在波多黎各海沟，深达 9219 米。欧洲和北美洲沿岸大陆架宽广、南、北纬 40° 左右的地方有很多浮冰光临。

你知道吗

　　盛行风又叫最多风向，是指一个地区在某一时段内出现频数最多的风或风向。

　　海流又叫洋流，是海水沿着一定方向的大规模流动，主要受风力、压强梯度力、地转偏向力等的作用而形成。

把大西洋分割

大西洋的轮廓狭长，看上去有点儿像"S"。我们以赤道为界，可以把大西洋分为北大西洋和南大西洋。

北大西洋海岸线曲折，西侧有加勒比海、墨西哥湾等，东侧有地中海、黑海、北海等。南大西洋的海岸线比较平直，主要岛屿有阿森松岛、圣赫勒拿岛、戈夫岛等。

航运最发达

大西洋不是什么都屈居第二的，它也有引以为傲的纪录。它的航路最为便利和发达，是世界环球航运体系中的重要环节。大西洋沿岸几乎都是各大洲经济发展水平较高的国家；贸易、经济交往频繁。在全世界数千个港口中，大西洋沿岸占有一多半，光每天在北大西洋航线上的船只就有4000多艘。

底部什么样

大西洋的底部有许多低平的地带，周围是相对高一些的海底山脉，这种类似陆地上盆地的构造叫作海盆或者洋盆。海盆里的沉积物以抱球虫软泥和翼足虫软泥为主。

姥鲨

145

第三大洋——印度洋

DI-SAN DAYANG——YINDUYANG

根据大陆漂移学说，印度洋是在很久很久以前南半球冈瓦纳古大陆解体时，由印度半岛、澳大利亚大陆、南极洲大陆、非洲大陆和南美洲大陆等的漂移而形成的。

名字的更替

印度洋得名的原因可不是因为它属于印度，或者围绕在印度周围。近代正式使用印度洋一名是在 1515 年左右，一位中欧地图学家把这片大洋标注为"东方的印度洋"，"东方"一词是与大西洋相对而言的。后来，葡萄牙航海家达·伽马东航寻找印度，将沿途所经过的洋面统称为印度洋。继而，后人绘制地图时，便把"东方的印度洋"去掉了"东方的"，简化为"印度洋"。

位列第三

印度洋位于亚洲、南极洲、非洲与澳大利亚大陆之间，西南以通过非洲南端厄加勒斯角的经线与大西洋为界，东南以通过澳大利亚塔斯马尼亚岛东南角的经线与太平洋为界。印度洋的面积为 7492 万平方千米，约占海洋总面积的 21.1%。平均深 3897 米，仅次于太平洋，最深处在爪哇海沟中，达 7455 米。

印度洋中央海岭呈"入"字形，东印度洋海岭南北纵贯。海岭之间是一系列深海盆地。

印度洋斯里兰卡渔民

🏛 热

印度洋具有明显的热带海洋性和热带季风性气候特征，大部分位于热带、亚热带范围内。其中南纬40°以北的广大海域，全年平均气温为15℃～28℃；赤道地带全年平均气温为28℃，有的海域高达30℃。因为其温度比同纬度的太平洋和大西洋海域的气温高，故被称为热带海洋。

🔷 你知道吗

2004年年底，印度洋苏门答腊岛以西海域发生里氏8.9级地震并引发强烈海啸。印度尼西亚、斯里兰卡、孟加拉国、泰国、马尔代夫、印度等国受灾严重，东非受到波及，20余万人死亡或失踪，50余万人受伤，100多万人无家可归。

🏛 资源丰富

印度洋的自然资源相当丰富，矿产资源以石油和天然气为主，主要分布在波斯湾。金属矿产以锰结核为主，主要分布在深海盆底部。在印度半岛的近海、斯里兰卡周围等海域还发现了不少的重砂矿。不过，尽管印度洋中也生活着多种多样的鱼类、软体动物和海兽，但每年的捕鱼量和太平洋、大西洋相比少得多。

印度洋海岛风光

147

冷酷的北冰洋

LENGKU DE BEIBINGYANG

北冰洋是四大洋中最小的洋，面积还不到太平洋的10%，但它一点儿也不低调，脾气很糟，一年到头总爱板着冷冰冰的面孔。

海豹

北极狐

最小的洋

北冰洋是最小的洋，大致以北极为中心，介于亚洲、欧洲和北美洲之间，经白令海峡通太平洋，以冰岛－法罗海槛和威维亚·汤姆孙海岭与大西洋分界，大部分被陆地所环抱。面积约1310万平方千米，平均深度1205米，最大深度约5527米。

白色的海洋

北冰洋是最冷的洋，绝大部分终年被海冰覆盖。北冰洋中央的海冰已几百万岁了，属永久性海冰。表层水温大多在－1.7℃左右，常年不化的冰盖占大洋面积的2/3，海面上浮着很多冰山，剩下的海水会在春天融化，又会在冬天冻起来。

破冰船

北极熊

一点儿也不贫瘠

北冰洋给我们的印象是冰天雪地，颜色单调。的确，由于气候恶劣，北冰洋地区不怎么受植物欢迎，红花绿树难见踪影，海岛上的植物主要是苔藓和地衣，南部的一些岛屿上有耐寒的草本植物和小灌木。不过这并不代表此处死气沉沉，是不毛之地。这里是很多动物的天堂，比如鼎鼎有名的北极熊，以及海豹、北极狐、驯鹿、雪兔、鲸、鲱鱼、鳕鱼等。夏季在西伯利亚沿岸一带还有很多鸟。

北冰洋还是当今地球上少有人侵扰的宝库，资源很丰富，在巴伦支海、喀拉海和加拿大北部岛屿以及海峡等地，蕴藏有丰富的石油和天然气；格陵兰的马莫里克山的铁矿储量有 20 多亿吨……

你知道吗

在地球两极地区及其附近海上漂浮的冰山，并不是海水冻成的。在格陵兰岛和南极洲上有大片的冰原，大块的冰断裂以后漂移到海洋里，就成了冰山。这些冰山往往高出海面数十米，长可达几百米，有的甚至有好几千米长，都是淡水结成的。

北极熊

气候恶劣

北冰洋冬季极夜期长达 179 天，冷月份（1～3月）常刮狂风，平均气温约为 -40℃，近海区约为 -30℃。相对而言，北冰洋的 7～8 月（当地的暖月）比较温和，平均气温在极地附近约为 0℃，沿岸地区约为 7℃，并时常出现海雾。

北极熊